老子易解

李忠胤　著

推薦序

天下之動貞夫一

忠胤去年秋出版《易經解經》一書，邀我作序：「修辭立誠，貞固幹事。」一時隔一年，又完成這本《老子易解》，篇幅十二萬字，工作忙碌之餘，還能如此勤于著述，令人心喜。台灣習易學生中，他算是頗為資深的一位，快廿年了吧！我們成立學會，春秋兩季辦研習營，設定論述主題，他幾乎每次都有整理的心得呈現，且皆言之有物。行文風格簡練篤實，文如其人。他是一家知名華商資訊大廠的工程師，理工背景的訓練使其論述不沾虛浮妄誕，讀來心思安靜，值得向讀者推薦。

對華文經典有興趣熏習的人，都會感知《老子》書中與易理的共鳴共振，雖然五千言全未提到《易經》，字字句句卻彷彿浸泡在卦爻交織總匯的易理汪洋中，時時觸動靈思，體悟印證而有所得。易為群經之首，百家之源，儒道宗師孔子老子深受影響，蘊養核心創意，結合自身體驗開宗立派，本即華夏文明傳承光大的實情。

史傳孔子曾向老子請益，受啟發甚大，對老子的修為境界有猶龍之讚嘆，今本易傳中還有明顯證驗。老子書中常稱一，理解甚麼是一，成為悟道的關鍵。四十二章：「道生一，一生二，二生三，三生萬物。萬物負陰而抱陽，冲氣以為和。」既稱道生一，道就不即是一，否則語法語意都不通。二十二章：「聖人抱一為天下式。」十章：「載營魄抱一，能無離乎？」

十四章：「視之不見名曰夷，聽之不聞名曰希，搏之不得名曰微。此三者不可致詰，故混而為一。」三十九章：「昔之得一者，天得一以清，地得一以寧，神得一以靈，谷得一以盈，萬物得一以生，侯王得一以為天下貞，其致之。」抱一混一得一，天清地寧；偏離失落了一，就是當今之世的天災人禍不斷啊！

《繫辭下傳》首章：「吉凶者，貞勝者也；天地之道，貞觀者也；日月之道，貞明者也；天下之動，貞夫一者也。」這與老子得一之道，豈非完全相通？老子分析完利害後，叮囑「其致之。」明道之人一定得致一，好好體悟發揮一之道。

《繫辭下傳》第五章記子曰：「天下何思何慮？天下同歸而殊途，一致而百慮。」這是解釋咸卦九四爻，人的感思無盡，學派眾多，體悟真理大道為一，實可並行不悖，殊途同歸。該章往下又解損卦六三爻：「天地絪縕，萬物化醇；男女構精，萬物化生……言致一也。」致一則生生不息，天地萬物皆然。《繫辭下傳》第九章論憂患亂世，稱：「恆，德之固也……恆以一德。」孔子在《論語》中兩次自謂其道一以貫之，作春秋則標舉大一統，這些一都不可等閒而視之，與老子得一之一關係密切。

《老子》本文中用字涉及不少卦名。二章：「前後相隨。」四章：「解其紛。」二十七章：「善結無繩約而不可解。」十五章：「豫兮若冬涉川……渙兮若冰之將釋。」十六章：「萬物並作，吾以觀復。」二十九章：「故物或行或隨……聖人去甚，去奢，去泰。」三十章：「師之所處，荊棘生焉。」四十二章：「物或損之而益，或益之而損。」四十三章：「無為之益，天下希及之。」四十八章：「為學日益，為道日損。損之又損，以至於無為。」五十二章：「塞其兌，閉其門，終身不勤；開其兌，濟其事，終身不救。」五十六章：「塞其兌，閉其門，挫其銳，解其紛。」五十四章：「修之於邦，其德乃豐。」七十七章：「有餘者損之，不足者補之。天之道，損有餘而補不足；人之道則不然，損不足以奉有餘。」師、泰、豫、隨、復、解、損、益、豐、兌、渙各卦都上了榜，若習易者熟悉這些卦義，很容易就理解老子的主張。另外，雖然沒提坤、謙二卦的卦名，全部《老子》可都貫串彌漫著順勢用柔、謙讓不爭的思想。

易與老子的關係太密切了！忠胤此書多已揭露，讀者善用心的應能體會。他解老時還引用到四書、孫子兵法等其他經典，這也非常自然。誠如他自序標題——「一致百慮，同歸殊途。」中華文化的傳承本即如此，不識者全在門外，終身不睹宗廟之美、百官之富。

劉君祖　於夏曆甲午年八月

自序

一致百慮，同歸殊途

老子云：「吾言甚易知，甚易行。」老子所言之易知與易行為何？道法自然也，其理甚易知；捨我私，寡其嗜欲，此事則易行！

本書是繼去年《易經解經》出版，個人的第二本著作，雖然從開始撰寫到完成，期間似未超過一年，但實際上我是從寫第一本書的後期，就已同步著手準備這本《老子易解》了。至於為何當初會有如此計畫，實是因為《老子道德經》與《易經》本就義理貫串，互為發明，可以合而觀之，且二經皆是在講述道法自然之義。

何謂「道法自然」？歷來凡讀老子道德經者，多視此句為本經之主要中心思想，也認為大道之用的要義即是在此。雖然這樣的認知是可從的，只不過大多數人卻把這句話意思理解為：因天地之道乃法「自然」，所以人也要懂得順隨自然之理，而採取一種所謂「無為」的態度，來面對人世間的紛紛擾擾。但這就是「道法自然」的真實義嗎？

其實，老子書中所提到的「道」，有兩種不同的含意：一是指那個能始生天地，可以為萬物之母的先天之道；另一則是聖人之治道。而「道法自然」的道，指的就是後者這一個能治國、平天下之治道。至於，「自然」者，才是做為「道」之象徵。也就是說，所謂「道法自然」，意指聖人之治道乃法天德作為，即為政在上者知效法天道自然之理，而以誠正無我私之德當治道，人民將會順服其治。

瞭解了「道法自然」原來是指聖人之治道乃法「道之自然」，那麼老子又是如何解釋這一個先天之道呢？老子一書又稱《道德經》，所謂「道德」者，道之德也，即道所具備的諸善德象徵之意。老子解釋：「道」乃「不自生」，是自無始以來就既存，也是一切生生創造的本源，能為天地根，以及變化晝夜與寒暑四時，更能化育天下萬物。

然而，「道」卻是惟恍惟惚，無形無相，不可道，不可名，猶如空無般不存在。老子同時也稱道為「玄德」，而玄德者，即《易經》所云的元德也。老子在其八十一章、五千言中，不厭其詳地反覆說明何謂道、何謂玄德？大體而言，若能把握住如上述之道乃生生善長、不可道名等諸要旨，也就猶如執持了探索老子高妙精義之關鍵鎖鑰。

讀老子道德經還有一須特別注意處：若懂得「正言若反」這句話的意思，就不會再誤解書中許多章句所要表達的真正涵義。所謂「正言若反」，是指我所說的話都是正道之言，但卻看似相反之意。至於為何字面上的意思，會誤解成與實際道理相反？這是因為未能辨其本末之故。

例如，第十八章云：「絕聖棄智，民利百倍。」表面意思像是要絕棄聖智之美名，人民才會得利百倍。事實上，此句是指上位者能啟迪民智，教導人民彼此義利互助，這才是真正的「民利百倍」，同時也是治民之立其本。而當民智開啟，人民已講信互助，這時又何需聖與智者的治理，故可棄絕之矣！

第六十五章云：「古之善為道者，非以明民，將以愚之。」表面像是指為政者不要人民多巧智聰明，人民應保持著愚而蒙昧，才不會難以治理。事實上，這句話真正要表達的反而是指上位者應去其私心巧智，而以誠正之樸做為人民榜樣，人民則是可以自由的發展，並不會受到上位者的限制或擺布。

老子書中還有其他多處類似這種表達方式，倘若懂得何謂「正言若反」，以及能「辨其本末」之義，就可瞭解為何老子所說之言，確實是很簡單易知。

本書命名《老子易解》，除了寓意將以簡易語句解釋經文之義外，同時也因書中多引《易經》卦爻辭象輔助說明各章句。當然，雖說是藉《易經》象義解釋《老子道德經》，但因二經本就義理相通，讀者也可以旁通其則，而取《老子》之義詮釋《易經》，乃至廣及《四書》等其他經典，亦無不可。

老子與孔子皆古之聖人也，聖人之論道說理絕非高遠虛玄，雖然「道」乃玄深奧妙，但其理知之不難，行道而非不容易，吾輩若知法聖人「為而不爭」之德，無我私以利益眾，能夠恆以實踐之，將可體會道即在此。

李忠胤 序於台北大直，二〇一四年八月

目錄

第一章　道可道非常道

道可道，非常道；

名可名，非常名。

無名，天地之始；

有名，萬物之母。

故常無，欲以觀其妙；

常有，欲以觀其徼。

此兩者，同出而異名，同謂之玄。

玄之又玄，眾妙之門。

【解義】

道可道，非常道

本句第一、第三個「道」字所代表的意思，皆指那一個能始生天地，變化晝夜和四時，以及化育生長萬物，也就是如同天地萬物之宗源的「道」。這個做為宇宙宗源主的道，乃無形無相，不可名狀，就猶如空無般不存在。然而，道雖似空無，卻因具備生生善長之實德，所以只好用「道」這個名，來稱呼這個原為不可名、無可形容的宗源主。

在老子書中「道」也可以稱之為天道，這是因為天道晝夜、寒暑中正規律之序，以及日照雲雨無窮之施益，將引領和德澤生長天下萬物，可以說就是「道」之德的表現。另外，「道」因為能夠生生善長，所以也稱此生生善長之德為「玄德」。事實上，所謂的玄德，與《易經》所說的元德相同，亦即玄同元，元即是玄，道與玄元，皆同而一也。

至於此句的第二個「道」字，則是指言說、言稱之意，也就是欲利用言語或文字來說明什麼是道。

「常」，這是用來形容道之德乃「常」，並有以下諸義：其一、這個道雖然不斷地變化生出天地萬物，卻從未曾減損其德一分，猶如其德常足；其二、道是自無始以來就既存，因為無始，故亦無所終，猶如恆久保持在未生前那一狀態，並不改常；其三、道之動進變化，復始循環，周行不殆，恆久不已，猶如其德規律恆常，永不差忒。

「道可道，非常道」，指道乃無形無相，不可名狀，是視之不可見，聽之不能聞，非語言、文字所能解釋，倘若試著去解釋什麼是道，就只能恍惚般形容其象，並無法真正使人明白這個恆不改常的「道」。

事實上，「道可道，非常道」這句話還有另一層含意：是指若只靠語言文字的論述是不可能瞭解道的，必須真正身體力行去實踐道的道理，才會「明道」，倘若只會把道侷限在言說上之「可道」，那就絕無可能通達那一個恆不改常的「大道」。

名可名，非常名

所謂「名可名，非常名」，可以視為是上一句「道可道，非常道」的進一步解釋。由於道是混沌不明，神妙變化，深不可知，因為深不可識，無法真正知道它到底為何物，不得已只好強為之名，稱它為道，或玄，或元，乃至於因其德至大，故亦稱名為「大」。然而，不管道的稱名是玄、是元，或大，皆是不得已而給予的名稱，它本應該為「無名」的，是「空」的，但因為它能生「妙有」，所以要有名來稱之，只不過這個可名的「有名」，並不足以說明什麼是道？故曰：「名可名，非常名」。

無名，天地之始

欲瞭解何謂「無名」？得先知道「名可名，非常名」這句話所表達的意思。這是因為既然道是不可稱名的，所以若是「可名」，那就不是這一個「常道」，而相對的「無名」，才是代表道的「稱名」。

既知「無名」原來是指道，故所謂「無名，天地之始」，意指這一個本來就既存，且恆不改常，卻又隱而無名的道，是先天地生，而天地則是由它所始生。

有名，萬物之母

何謂「有名」？道本是隱而無名，在始生天地之後，猶如從道之「無名」，生出了象徵天地之道的「一」，而這個「道生一」，即所謂「有名」。接下來稱為「有名」的這條天地之常道，將規律運行在上，並伴隨著日照雲雨之施益，而天地間的各類萬物，則是在天地之道的中正引領，以及德澤頤養之下，獲得生長繁榮，故「有名」，乃為萬物之母。

故常無，欲以觀其妙

此句與下一句的「常有，欲以觀其徼」，又可視為是前四句的更進一步詮釋。

這裡的「無」是代表無名之道，而所謂「常無」，是指這一個隱而無名的道，雖似空無，其德卻生生變化而常足之意。也就是說，雖然「道」不斷地變化晝夜與寒暑四時，以及妙生化育萬物，猶如辛勤不已，卻仍然恆久保持如始生前般不變常。

「妙」，形容由道所生出，這個多姿多采，族殊類異，變化無窮的大千世界，猶如玄深奧妙般，令人不可思議。又，大千世界的玄深奧妙，其實也可以說就等於是道妙。

「故常無，欲以觀其妙」，指雖然觀此「道」就像那「空無」般，惟恍惟惚，無形無狀，卻因能妙生天地與萬物，以及變化晝夜和四時，然後乃知此道至大，其德則甚妙。

常有，欲以觀其徼

這一個「有」，是指道生出天地之道，就像是由無生出「有」。而所謂「常有」，則是指道所始生的這條天地四時之常道，乃誠孚信實，周而復始，規律有常地運行在上。

「徼」（音讀較），依循、順承意，指萬物依循天地之道而行之意。「欲以觀其徼」，指觀此天地之常道，中正規律運行在上，萬物皆知順隨其道而行，並在其中正引領，以及日照雲雨的德澤施益下，成長繁榮於天地之間。

此兩者，同出而異名

所謂「此兩者」，是指「天地之始」與「萬物之母」這兩者。雖然前面提到「無名之道」，先是始生天地，接著這條天地規律運行之常道，再資生頤養萬物而為萬物之母，看似「此兩者」，有前後順序之分。實即不管是天地或各類萬物，均是同一宗源，皆是由「不自生」的道所生出，只是因群分類聚，各稱名不同而已，「此兩者，同出而異名」之謂。

同謂之玄

這個「同」，是指天地與各類萬物皆系出同源之意。「同謂之玄」，指天地與萬物皆是由同一個宗源主所生，而這個做為宇宙之宗源主的「道」，也可以謂之為「玄」，即玄德之意。

或問，道為何會另以「玄德」稱之？這是為了更強調道的「生生善長」一義。

由於道本似空無，猶如寂兮寥兮般不變常，卻又具備生生善長之實德，能妙生天地與萬物。因此，在《老子》書中就多處是以「玄德」做為道之稱名，且主要用以表達道具備那些善德或善功，但不管是道或玄德，其實兩者並無差異，天地與萬物皆同由道或玄元所始生也。

玄之又玄，眾妙之門

「玄」是代表道之生，而所謂「玄之又玄」，是指玄德生之又生，即道生生善長不已之意。正因為道或玄德，乃「玄之又玄」，生生善長不已，所以這一個奧妙精微、多姿多采的大千世界，就是從這一個「玄德之門」妙生而出，故玄德者，也就猶如是「眾妙之門」。

第二章　天下皆知美之為美

天下皆知美之爲美，斯惡已。
皆知善之爲善，斯不善已。
故有無相生，難易相成，
長短相較，高下相傾，
音聲相和，前後相隨。
是以聖人處無爲之事，行不言之教。
萬物作焉而不辭，
生而不有，爲而不恃，功成而不居。
夫唯弗居，是以不去。

【解義】

天下皆知美之爲美，斯惡已

「惡」，醜之意，亦可理解為因不喜歡醜，所生起的厭惡感。「已」，結束之意。而這個「已」字雖是指結束，但其中實同時隱喻有一個開始，這是因為倘若沒有開始，當然也就不會有所謂的結束。

人對於美醜的感覺，會隨著個人主觀喜好的不同而有所差異，同時喜愛美而厭惡醜，則是一般人習性之共通。雖然人們會有愛美和惡醜的分別心，並因執著於美而追求美之一面，殊不知美與醜乃相隨而至，二者是因為主觀認知上的相互比較而生出的，並非單獨而可存在。也就是說，在追求美的當下，醜也已同時在背後悄悄跟隨而至，無法被獨自摒棄。

因此，所謂「天下皆知美之為美，斯惡已」，是指當心裡有喜愛美的感覺生起，其實有一個嫌惡醜的比較心，亦已同時隱藏於背後，無法分離。

皆知善之爲善，斯不善已

「善」，指取得利益或好處之意。得利或有害、善或不善，是相對的概念，彼此相因相成，同樣也是建立在主觀的認知上。例如，此時主觀上認為是有害而不善的，彼時卻可能轉念為焉知非福。因此，「皆知善之為善，斯不善已」，是指人因為有一己我私之立場，以致有了善或不善的取捨，而就在心中選擇主觀認為有利的同時，想避開害而無利的念頭，也已相隨而至。

此外，人因為有主觀之我私，故有美或惡、善或不善的分別心，而惟有天道與聖人能夠中正無我私，視萬物並無遠近親疏之分別，所以也就不會有美此而惡彼，善或不善之分。

故有無相生

「有」與「無」這兩個概念，乃彼此相因相成，並非獨立而能存，這是因為有「無」之存在，才相對會有「有」狀態的生成。

難易相成

若就個人主觀能力的認知，事情會有難易之分別，但這種事情是難或易的差別，可能只是解決步驟的多寡不同而已。因此，難易是因為相較而分出，既然是因彼此的比較，就表示二者是相依而互成。

長短相較

是長或短，並沒有一定標準，端視基於何種主觀立場的判別而論，有道是：「尺有所短，寸有所長」。因此，若此有一短，必因同時存在彼之一長，稱長或短，乃因相較而生出。

高下相傾

「傾」，高低傾流之意。主觀上所認知的是高或低，其實並沒有絕對，例如，一群山其中之最高，可能只是另一群山其中之最低。因此，是高或低，就只有一時比較之相對，稱此為高，是因為另有一較低，高與低二者乃相因相成。

音聲相和

「聲」是音發在內，「音」是聲成於外，亦即「聲」是由物體振動所生，「音」是經由空氣傳播所發。因此，只要物體有振動，就會有音聲之發出而被聽聞；只要有聲音之聽聞，就必然相應有物體之振動。音與聲二者關係就像是若有外在之果，則必然有內在之成因，因與果乃是內外相應和。

前後相隨

須先有方向之定義，才會有孰前孰後的分別。例如，彼此面向而立，這時雙方都可以自稱是站在對方的前面。因此，若有一個為首在前，則必同時有一個隨之在後，前與後乃是相因相隨。

是以聖人處無爲之事，行不言之教

「聖人處無為之事」，是指聖人以「無為」、「無事」治天下之意。而所謂「無為」、「無事」之治，則是指聖人誠正在位，樸而少私寡欲，並以清靜守常當治道，天下人民可以安其居，樂其業，社會和諧有次序，並因安定而繁榮。

聖人做到誠身修己，中正無私偏，樸而少私寡欲，雖然不必有言語之說，或藉由諸多律法之制定，人民自然會效仿其誠正之德，社會民風也將逐漸走向敦厚良善，是謂聖人「行不言之教」。

萬物作焉而不辭

「作」，並舉而繁榮之意解。「不辭」，因為辭含有卻而弗受，推而向外之意，故「不辭」者，就是反其義，即表「收受向內」，這裡是象徵萬物皆來與之歸附。「萬物作焉而不辭」，指天道有日照雲雨之德澤，普施天下萬物，萬物是在天德的利益下獲得成長繁榮，因此，萬物莫不歸附順隨中正天道而行。

生而不有

「生」，天德利益生長萬物之意。「不有」，雖有功，並不居其有之意。「生而不有」，指天道雖德澤利益生長天下萬物，卻不求萬物任何回報，然而萬物則莫不尊其道，皆樂意順隨天道中正規律之序而行。

爲而不恃

「為」，指天德臨保萬物之施益作為。恃，依賴之意。「為而不恃」，指天道誠孚有信，規律運行在上，公平普施日照雲雨之德澤，萬物則是自由的生長，各自努力獲取所需之頤養，而非完全倚賴天德給予臨保照顧。

功成而不居

天道雖有化育天下萬物之功，卻是謙下處後，弗居其功。

夫唯弗居，是以不去

「不去」，就是來也，即萬物皆主動來與之比附之意。「夫唯弗居，是以不去」，指天道雖有利益生長萬物之功，卻弗居之，然而萬物莫不主動順隨天道而行，這時就像是天道無私以利眾，並不居功，卻反而越獲得其有，所謂「是以不去」。

第三章　不尚賢

不尚賢，使民不爭；
不貴難得之貨，使民不爲盜；
不見可欲，使民心不亂。
是以聖人之治：
虛其心，實其腹；
弱其志，強其骨。
常使民無知、無欲，使夫智者不敢爲也。
爲無爲，則無不治。

【解義】

不尚賢，使民不爭

此句表面上像是指為政者若不崇尚才德賢能者，就可以使人民不交相爭奪利益。事實上，這個「不尚賢」所指的對象是針對為政在上者自身，是告誡上位者不該逞其個人巧智聰明，欲藉「有為」以治天下，而是要懂得「清靜無為」之治道。因為上位領導者最重要的就是：能夠誠正在位，樸而少私寡欲，而以崇高的道德修養做為天下人民榜樣，將民風導向純樸善良，人民則知仁尚義，就像是以「無為」治天下。

「使民不爭」，指為政在上者做到誠身修己，正位在上，民風自然會走向善俗，人民不會奸巧使詐，交相爭奪利益，社會也將變得和諧而不紛亂。

不貴難得之貨，使民不爲盜

「貴」，貴愛，這裡是指貪好財貨之利之意。「不貴難得之貨，使民不為盜」，指為政在上者崇尚儉樸，不貪好財貨之利，人民也會效仿其德，安分知足而不貪，社會也就不會有盜竊亂賊之興作。相反地，上位者若是貪財好利，不知滿足，就會對人民暴斂橫徵，搜括民脂民膏，以致造成民窮財盡，這時盜竊亂賊將四起矣！

不見可欲，使民心不亂

「欲」，嗜欲，指追求感官上的享樂和滿足之意。「不見可欲，使民心不亂」，指為政在上者樸而少私寡欲，不崇尚奢華享受，不縱情於感官之逸樂，自然地，民心也將受其影響而變得純樸敦厚。

是以聖人之治

所謂「聖人之治」，是指聖人將以無為治天下。至於，聖人如何做到「無為」，而能治天下？聖人誠正在位，樸而少欲，清靜守常不爭，以崇高的道德修養，做為人民效法的榜樣，將民風導往善俗，人民可以安其居，樂其業，社會國家自然會逐漸走向安定富足，是即所謂聖人無為之治也。

虛其心，實其腹

「虛其心」這個虛其心，所虛的是為政在上者之「心」，也就是上位者應去其巧智聰明，不自恃「賢能」。這是因為身為上位領導者，最重要的是能誠正在位，去其私，寡其欲，懂得任賢使能之道，更要像那「童蒙」般，廣納各方建言，其德就像是「虛其心」。

「實其腹」，所指的對象是人民，即人民能夠安居樂業，豐衣足食，生活富足、安康之意。（《易經．蒙卦》六五爻辭曰：「童蒙，吉。」）

弱其志，強其骨

「弱其志」所弱的這一個志，指的是為政在上者之「志」，至於為何要弱上位者之志？其實，這是指為政在上者應以「清靜守常」做治道，不窮兵黷武，不好大喜功，不勞民，不傷財，輕徭薄賦，就像是無遠大之志。然而，人民則因上位者的「弱其志」，而得以安居樂業，豐衣足食，國家也將因社會的安定無事而富庶繁榮。

「強其骨」，這是針對人民而言，指人民儉樸知足，勤奮努力，不會好逸惡勞。

常使民無知無欲

此句並非在鼓勵愚民政策，欲框住人民思想使其「無知」，也不是要求人民「無欲」，必須棄絕一切物質欲求與享樂。

這一個「知」，同「民可使由之，不可使知之」的知，意指上位者對於人民所從事皆替其預做安排，即要求人民必須依照上位者所制定的規範行事。因此，所謂「常使民無知」，指對於人民不要凡事皆替他們預做安排，或諸多限制，反而要「教思無窮」，積極的啟迪民智，鼓勵人民可以自由的創造和發展。

「無欲」，這是指應教育人民懂得儉樸知足，不要自私自利，私心為己而不管他人。

使夫智者不敢為也

這一個「智者」，非指有聰明才智之人，而是專指巧智狡詐的小人。由於當一個社會充斥著私心為己的風氣，則人民若越「聰明」，欺騙狡詐之事就只會更層出不窮，並無法為整個社會群體帶來利益。

因此，所謂「使夫智者不敢為」，意思近於「謀閉而不興」，即人民彼此間誠孚講信，互助互利，並不會有奸謀巧詐之妄作。另外，此句可與第十八章的「智彗出，有大偽」互參。

為無為，則無不治

所謂「為無為」，是指聖人之作為乃「無為」，也就是聖人之治，乃「無為而治」

之意。

雖然，聖人是無為而治，但這種「無為」，並不是指無任何作為，而是指上位者因懂得法天德作為。因為天道只是中正誠孚運行在上，萬物則自然的繁榮於天地之間，所以為政者若也能做到誠身修己，無我無私，正位在上，以做為人民的榜樣，人民將上觀而順從之，並隨之以正，天下自然得治矣，「則無不治」之謂。

第四章　道沖而用之

道沖而用之，或不盈。
淵兮似萬物之宗。
挫其銳，解其紛，
和其光，同其塵。
湛兮似或存。
吾不知誰之子，象帝之先。

【解義】

道沖而用之，或不盈

「道」，也可以稱玄德。「沖」，損之使流溢之意。「用之」，指成生生不已的利用之功。「或」，或進或出、或往或來之意。「或不盈」，指不管是出或入、往或來，皆能常保盈虛平衡之狀態。

「道沖而用之，或不盈」，指這個「道」，雖然生出天地，變化晝夜、四時，以及化育萬物，其德如川流般不停息的生出，卻未曾減損其德半分，然而，道即使處在靜而不生的狀態，也不會盈滿流溢，就像是常保著和合平衡。

淵兮似萬物之宗

「淵」，淵深或淵源之意。「宗」，本源、宗源之意。「淵兮似萬物之宗」，指道猶如那淵深般不可測，能源源不絕地化生天下萬物，就似那萬物之宗源。

挫其銳

「銳」，尖銳凸出。「挫其銳」，把尖銳凸出處磨去，使其平順流利，這裡是用來形容道或玄德乃亨通流行於一切處，其德無所不至，無所不及，猶如周遍而圓滿，並不會有任何尖銳或凹凸處。

解其紛

「紛」，紛亂不定之意。「解其紛」，指道雖然始生天地，變化晝夜、四時，以及化育生長萬物，其德像那雷動風行般變化萬端，然而天地之間卻是如此規律有節，井然有序，萬物則各自繁榮，完全不會有任何紛亂失序。

和其光

「和」，含有和合平衡意，以及應和意。「光」，中正光明之意，象徵指乾天晝夜、寒暑之道，是一條中正光明，規律有常的大道。「和其光」，指由「道」所生出的晝夜、寒暑之道，是一條規律運行，復始循環，中正光明的大道，萬物則皆應和貞隨此光明大道而行，並在其日照雲雨的施益下獲得成長繁榮。

同其塵

「同」，同其道而行，這是指地懂得法天，即地道知順承天道而行之意。「塵」，指塵土，在此象徵地道之博厚，乃由許許多多塵土所漸積而成。而地道之所以順利漸積而成博厚，是因為知順承天道而行。「同其塵」，指地道雖有玄德，卻是含藏在內，而由於地道知恆順承天道而行，使得內藏之玄德獲得發揮，終蓄積成博厚廣大，載華嶽而不重，振河海而不洩，承載萬物無窮。

湛兮似或存

「湛」，作沒解，深入於水之意，象徵道乃玄深奧妙，莫測難知。「湛兮似或存」，指道乃無形無狀，玄深奧妙，似存若無，莫能稱名，而難以形容。

吾不知誰之子，象帝之先

「子」，後代子孫之意。「不知誰之子」，不知是由誰所生出之意。「象」，像也，似也。「帝」，至高無上之主宰，亦有始、首等含意。「帝之先」，帝已經是至高無上，是始、是首了，卻還能比帝先，這表示是在未生之前就既存，也就是「無始」之意。

「吾不知誰之子，象帝之先」，指這個具備著生生善長之德的道，能始生天地，變化晝夜與四時，生長化育萬物無窮盡，卻不知是由何處生出，只能說它是自無始以來就既存。

第五章　天地不仁

天地不仁，以萬物爲芻狗；
聖人不仁，以百姓爲芻狗。
天地之間，其猶橐籥乎！
虛而不屈，動而愈出。
多言數窮，不如守中。

【解義】

天地不仁，以萬物爲芻狗

天道中正，無我無私偏，所以不管是善或不善，美或醜，乃至「仁」或「不仁」，就天道立場而觀，皆一而無分別。因此，所謂「天地不仁」，實即與「天地仁愛萬物」相同也。

「芻狗」，草紮之狗，祭祀用，用完即燒，形容其低賤無價值，隨時可丟棄。「天地不仁，以萬物為芻狗」，意指天地之仁愛萬物，至公而無私偏，不管是天上飛的，地下爬的，水中游的，乃至是人或草芥，並不會有遠近親疏、高低貴賤之屬的差別，皆一視同仁，公平以待之。

聖人不仁，以百姓爲芻狗

聖人之德即天德，聖人之仁愛人民，亦不會有遠近親疏，或是貴賤之等的差別。因此，雖曰「聖人不仁」，曰「以百姓為芻狗」，實即在講聖人有仁民愛物之德也。

天地之間，其猶橐籥乎

「橐籥」，冶鑄時所用之風箱。風箱乃中空，空氣可以出入往來。「天地之間，其猶橐籥乎」，天地之間，雖然像那橐籥般中空無物，但在這虛空之間，卻有晝夜規律往來，以及春夏秋冬四時季節不斷地更迭變化。

虛而不屈

「虛」，形容天地之間猶如虛空無物。「屈」，彎曲之意，形容四時寒暑季節之往來更迭變化，猶如彎曲震盪之形。「虛而不屈」，指天道四時之運行，寒來則暑往，暑往則寒來，猶如寒暑兩極將會上下彎曲震盪，其勢則像是「大而過之」之形，然而天道之動進，並不會因彎曲太過而不回，而是能常保規律平衡，順行不已。

動而愈出

「出」，出而外遠，這是象徵天道渙廣流行之德。「動而愈出」，指天道之運行，雖然晝夜寒暑之更迭，猶如上下不斷地震盪變化，但因具備剛健中正、誠孚信實之本質在內，故其道之動進，能夠渙廣流行，恆久不已。

多言數窮

「言」，言論意見。「多言」，形容因每個人各有自己不同觀點和立場，所以人數若越多，立場就越會南轅北轍。「數窮」，言其數不盡之意。「多言數窮」，指由於每個人的意見和想法各不相同，所以當人數越眾，所衍生出的觀點和立場，也就會越多與發散。

不如守中

「守中」，能夠無我無私，中正以觀，是稱「守中」。《論語・陽貨篇》子曰：「天何言哉？四時行焉，百物生焉，天何言哉？」天道毋須言語，只是誠孚有信，規律有節運行在上，各類萬物則皆順隨四時之序而生長繁榮。天道誠孚信實無私偏，能中正以觀天下，而人則是因多我私欲，其視事物總易流於僅見小我之一身。因此，身為上位領導者，知法天道中正無私之德，仁愛所有人民，不會有遠近親疏之分別，同時也瞭解到非言語之說能勸民，乃因中正誠孚之德能化民，所謂「多言數窮，不如守中」。

第六章　谷神不死

谷神不死，是謂玄牝。
玄牝之門，是謂天地根。
綿綿若存，用之不勤。

【解義】

谷神不死，是謂玄牝

「谷」，窪地為谷，取其虛、空之象徵。「神」，神妙變化不可測知之意。「不死」，能夠生生不已，恆久長存，故「不死」。「谷神不死」，形容玄德似虛空而無形，神妙變化而不可測，不知其所由始，亦不知其所終，其德則是生生不已，圓滿而無有任何缺漏。

「牝」，本義作「畜母」解，指具備生殖能力，這裡是取其生生不息之象徵。「玄牝」，即玄德也，這裡是用以象徵玄德能夠生生不已，恆久長存，不但可以始生天地，變化晝夜與四時之道，更能化育天下萬物，就像是凡天地間之一切，皆是由玄德所生出一般。

玄牝之門，是謂天地根

「門」，出口之道徑。「根」，根源之意。「玄牝之門，是謂天地根」，指玄牝就像是一道門，天地與各類萬物皆是由這道門所妙生而出，所以「玄牝」就猶如是那天地之根。

綿綿若存

「綿綿」，綿延不絕，相續不已之意。「若存」，形容玄牝雖似虛空無形，卻是神妙變化，能生出天地和萬物，故知其德之實存。「綿綿若存」，指玄牝雖無形無相，其德卻充滿於天地間一切處，能夠生生變化，綿延不已，凡晝夜與四時，天地以及萬物，皆是由它所生出，然而它是先天地生，也是自古以來就恆存。

用之不勤

「勤」，作「勞」解。「用之不勤」，指玄牝之德，做為天地根，而妙生萬物，其功大而盛，即使如此奮力作為，依然不曾勞損其德半分，就好像取之不盡，用之不竭。

第七章　天長地久

天長地久。
天地所以能長且久者，
以其不自生，故能長生。
是以聖人後其身而身先，
外其身而身存。
非以其無私耶？
故能成其私。

【解義】

天長地久

觀天地運行之道，規律有常，終始循環，恆久不已，故知其道乃「天長地久」。

天地所以能長且久者，以其不自生，故能長生

天地運行之道，之所以源遠流長而恆久，也就是能夠長生，是因為其道「不自生」。然而，什麼是天地之不自生？

由於「玄德」乃天地之根，天地之道是由玄德所生，而玄德者，混沌而不明其狀，能為天地母，卻不知其始，以及其所終。而這個無始亦無終的玄德，可說是本來就具足，卻沒有「所由生」。既然玄德是「不自生」，而天地之道又是由其所生，所以，天地就像是從「不自生」所變化生出般。

又，天地之道因「不自生」，也就是並沒有一個開始或無為首在前的；再加上有無相生、前後相隨之理，所以既然是「無始」，當然也就「無所終」了。而這個既無始，又無終的天地之道，顯現在外的情狀是：其道終則再始，往復循環，恆久運行不已，故能長生。

《易經‧乾卦文言傳》用九：「見群龍無首，吉。」小象傳云：「用九，天德不可為首也。」「無首」者，就是無始之意。因為沒有開始，所以也就無終止時，並且其道之運行，每一時位皆現剛健龍德，能恆久不已而長生。觀乾卦文言傳之「用九」，可與老子本章之義互參。

是以聖人後其身而身先，外其身而身存

天地之道因不自生，故能長生，同時天地也具備利益生長萬物之實德，其利益萬物並不求任何回報，就像是無私無我以利益萬物。由於聖人之德即天德，聖人法天地之無私無我以利眾，所以一旦沒有了我私之身，當然也就能「後其身」、「外其身」了。

所謂「聖人之後其身」，是指不會自恃尊貴，懂得謙下處後。然而聖人雖是謙退不爭，反而更能得到眾人的尊崇，故「身先」。

所謂「聖人之外其身」，是指不在意這一個小我之身，能捨去私心嗜欲，一切皆以利他為先。然而，聖人雖捨去我私以利益眾，像是己身不存，但眾人卻感其德澤，並樂意順服之，這時「大我」之德彰顯，故「身存」。

非以其無私耶？故能成其私

聖人能夠捨去我私之心，雖有仁民與愛物之功，並不求任何回報，完全無我私以利眾。然而眾民卻莫不感聖人之德澤而敬服之，所謂「故能成其私」也。

另外，本句若不加一「非」字，而僅以「以其無私耶？故能成其私」，似就足以表達聖人無私而成其德之義了，但為何句首要加上這一個「非」字呢？其實，在「無私」之前加一個「非」，意思已經變成是「有我私」了，只不過這個「有我私」指的是「大我」之私，而非個人小我。

也就是說，聖人心中雖無私無我，但這個「無我私」，其實就等於是有一個「大我」存在心中。例如，前面提到的「以其不自生，故能長生」，即之所以能「長生」，是因為先有「不自生」之存在。同理，若欲成就聖人「大我」之德，則必須先捨其我私。

第八章　上善若水

上善若水。
水善利萬物而不爭，
處眾人之所惡，
故幾於道。
居善地，心善淵，
與善仁，言善信，
正善治，事善能，動善時。
夫唯不爭，故無尤。

【解義】

上善若水

「上善」，最高、最上之善。而天下最上之善，則莫高於天德之至善。天德善利益萬物，萬物普受其德澤而生長繁榮，但天道卻從不居功，並不求萬物任何回報。

水之德亦有諸善，其善德則似天德。水之德，利養萬物，並不居功；其動趨下，猶如謙下不爭；前行雖遇有坎陷，並不改信實之常德，仍然剛健向前不受坎險所阻礙。由於水之善德，似那至善天德，故稱「上善若水」。

水善利萬物而不爭，處眾人之所惡，故幾於道

水之德如天德般，德澤滋長萬物，故「善利」；其動則趨下，猶如謙下不居功，故「不爭」。

眾人之習性，多喜居高位，樂在人之上，而惡處卑下。然而水之德雖善利萬物，其動勢卻總是選擇居處最下位，猶如願意處眾人之所惡，而懂得謙下退讓之德。

「幾」，近似之意。水之德，因為像那天地之道所具備的諸善德，故其德乃「幾於道」。

居善地

地道有謙卑居下之德，而水流之性亦動而趨下。因此，所謂「居善地」，是指水之德有著像那坤地般，願意謙卑處後不爭之善德。

心善淵

「淵」，如深淵之水。深淵之水，安靜不流動。正因為淵水虛靜空靈，故能敏銳的咸感細微之波動。因此，所謂「心善淵」，指人之內心應像那淵深之止水般，隨時保持著寧靜專注，清楚覺察自己的起心動念；同時也要懂得以虛受人，不固執己見，願意靜聽和接納別人的想法。

《易經・咸卦》大象傳云：「山上有澤，咸。君子以虛受人。」咸卦上澤兌下山艮，澤在山上，有「山上有澤」之成象。山上之澤，虛靜空靈，雲飄風動無不感知。君子觀山上之澤，虛靜空靈能咸感一切而有感，君子毋意、毋必、毋固、毋我，懂得以虛受人。〈咸卦〉大象傳「山上有澤」之象徵，意思實與「心善淵」相通。

與善仁

「與」，利益施與之意。「仁」，仁者乃無私以愛人。「與善仁」，指水之善利萬物，如那天德之仁愛萬物般，無我私以利他，對於所施與，公平而無分別心，亦不求任何回報。

言善信

「信」，人言為信，即說話可見其落實，亦有誠實不自欺，以及不欺人之意。人之所以失信，常起因於所從事遇有困難，或多計較我私之利益，以致違背了原本的承諾。觀流水之行進，雖然前遇坎陷，卻不會被坎險所阻卻，仍然信實的一波接著一波不斷往前注入，直至盈科而後續行。因此，所謂「言善信」，是指坎水之流行，雖行遇坎險，仍然恆進向前而不失其信，猶如具備「言善信」之德。

《易經・坎卦》彖傳云：「水流而不盈，行險而不失其信，維心亨，乃以剛中也。」水流前行遇坎險，必盈科而後續進，並不會被險陷所阻，其恆進向前之德並不改常，猶如不會因環境的影響而更改其信實之志。〈坎卦〉彖傳所云之旨，與「言善信」意思相通。

正善治

「正」，指誠正不偏私之意。「治」，指對於人民的治道之意。水流之行進，遇到低窪處，會順勢而流，若前有高山丘陵之險，則是知避開阻撓旁行而過，因此對於水流之治，須懂得順勢利導之理。其實，人民的思想或行動自由，也就像那行走於大地上的流水，是無法藉圍堵方式將它限制的。

因此，所謂「正善治」，指為政在上者瞭解到治民之道如治水流般，對於人民的治理，最重要的是能夠誠孚信實，正其位在上，以做為人民榜樣，人民則是可以自由的發揮，無限制的發展；同時也要體察民志，瞭解人民之所需，這才是治民守國之要。

《易經・坎卦》彖傳云：「天險不可升也，地險山川丘陵也，王公設險以守其國」。「天險不可升」，日月運行在上，即使升起一道高廣屏障欲阻擋其前進，也無法阻撓其半步。「地險山川丘陵」，水流行進於大地，知順勢而行，以避開山川丘陵之險阻。所謂「王公設險以守其國」，意思與「正善治」相通，即上位者能法水流順勢而行之善德，其治理人民，不會限制如天際日月之動的人民思想自由，也不會阻撓人民活動遷移的行動自由。

事善能

「事」，行事之意。「能」，效能或效益。「事善能」，指雖然前有高山或坎陷等重重險阻，但水流之行進，猶如懂得找出最具效益的行事捷徑般，知如何避開其間層層阻礙，做到每往前一步，就更有一步漸進之功。

動善時

水流前進遇到坎陷，不盈科則不續進，及至注滿坎陷，旋即續行向前，並不會有任何之停留。又，雖然前面有高低險陷不同之阻礙，但流水猶如懂得臨事隨機應變之理，將會順隨著地勢的險陷而上下起伏。因此，所謂「動善時」，是指水流之德，知行於所當行，止於所當止，猶如能隨機應變，順應時勢之宜而動。

夫唯不爭，故無尤

「不爭」，水流之性，動而趨下，雖德澤滋長萬物，卻退讓不居其功，故其德猶如「不爭」。「尤」，缺陷或阻礙之意。水居下處後，利眾不居功，猶如謙退不爭，又同時具備居善地、心善淵、與善仁、言善信、正善治、事善能、動善時等諸多善德，這就是為何稱水乃「幾於道」，以及無咎尤之理所在。

第九章　持而盈之不如其已

持而盈之，不如其已；
揣而梲之，不可長保。
金玉滿堂，莫之能守；
富貴而驕，自遺其咎。
功遂，身退，天之道。

【解義】

持而盈之，不如其已

「持」，執持，持有之意。「已」，止也。手中所持有已經是足夠，卻還不滿足想要更多，一再貪求的結果，就像是一只已經快滿的容器，仍然持續不斷地被注入，直至盈溢出來。其實，既知已快滿溢，就該適時的節止其盈，以避免流泄得一塌糊塗，所謂「持而盈之，不如其已」。

揣而梲之，不可長保

「揣」，本義作「量」解，乃以手度物高下，這裡是指思量，即用其心思之意。「梲」（音讀卓），原指梁上短柱，這裡是取其「藻梲」之意，即梁上畫有漂亮花紋的短柱。例如，《論語・公冶長篇》子曰：「臧文仲居蔡，山節藻梲，何如其知也。」意指臧文仲在藏龜之室的斗拱和梁柱上，繪飾以山形和水藻，顯然驕泰過已，豈是有智？

「揣而梲之，不可長保」，指雖然費盡巧思在梁柱上畫上繽紛的漂亮彩繪，但這些色彩豔麗的繪飾，終究會有剝落的時候，無法長久保持。

金玉滿堂，莫之能守

雖然金玉滿堂，窮盡了心力累積滿屋子的財富，然而有道是「世事無常」，一旦世道乖離，眼前的富貴興盛，轉眼間可能變成貧窮衰落，又豈是渺小人力所能主導掌握？

富貴而驕，自遺其咎

日中則昃，月盈則食，天地盈虛，與時消息。即使光明如日月，亦將隨著晝夜更迭而盈虛消長，無法豐大長照，而盛極則轉衰，乃天地自然之理。因此，雖得到一時之富貴，若不懂得盈虛消長之理，卻是恃勢而驕人，乃自取咎尤也！

功遂，身退，天之道

天道四時之運行，春夏秋冬季節氣象不同，舊季節將會適時的遯退逝去，讓新季節有機會繼之而起，於是四時之道，就在這季節不斷地新舊交替更迭當中，亨通流行向前。而觀天道這種猶如功遂、身退的季節更迭交替之德，瞭解到損益盈虛有時，因此，行事時懂得謙退不爭之理，絕不會盈滿太過而不知節。

第十章　載營魄抱一

載營魄抱一，能無離乎？
專氣致柔，能嬰兒乎？
滌除玄覽，能無疵乎？
愛民治國，能無知乎？
天門開闔，能無雌乎？
明白四達，能無爲乎？
生之，畜之，
生而不有，爲而不恃，長而不宰，
是謂玄德。

【解義】

載營魄抱一，能無離乎

「載」，同「厚德載物」的載，承載之意。「營」，本義作「帀居」解，圍繞之意，圍繞聚居曰「營」。「魄」，本義作「陰神」解，人之精神依附形體而存在者曰「魄」。「營魄」，含有將精氣圈圍在內之意思，這裡是象徵把玄德含藏於內。

何謂「一」？雖然道隱「無名」，是視之不見，搏之不得，但這一個無形無狀的道，卻能始生天地，化育萬物，故乃知其德之實存。因為道雖不可名狀，卻有生生之德，所以老子書中就取「一」，以象徵這種生生不已之義，同時也從「道隱無名」，變成為「有名」。另外，「一」也等於玄德，它與不自生的道也相通，只是更強調「始生」或「生生不已」這一義而已。

「抱」，本義作「懷抱」解，這裡取其如懷抱般使二體合一。「抱一」，象徵若能緊緊貞隨天道而行，則內含之玄德將獲得發揮，並得到生生善長之功。「無離」，緊緊貞隨，猶如懷抱住般，故不離。

「載營魄抱一，能無離乎」，指地道雖有玄德，卻是含藏在內而未顯，但因地道知緊緊貞隨天道而行，使得內藏之玄德獲得發揚，並蓄積成深厚廣大之功，承載頤養各類萬物無窮。

《易經・坤卦》彖傳云：「坤厚載物，德合無疆，含弘光大，品物咸亨」。「德合無疆」，意指坤地知順承貞隨乾天而行，故能與乾天合德。「含弘光大」，指坤地含藏在內之元德，獲得發揚光大，並蓄積成深厚廣大，承載萬物無窮。事實上，〈坤卦〉彖傳此段之旨，與「載營魄抱一，能無離乎」意思相通。

專氣致柔，能嬰兒乎

「專」，本義作「紡專」解，乃收絲之器。絡絲必須約束集中，整體均勻，不要有凹凸缺陷。「氣」，氣乃變動不居，亨通四散流行也。「致」，送至、送達。「柔」，柔順之意。「嬰兒」，象徵性純無雜疵，體至柔而又生機充滿。

「專氣致柔，能嬰兒乎」，這是取嬰兒性純無雜，至柔而生機充滿之象，以形容玄元之德，就像是精粹無雜疵，又如氣之至柔般，亨通流行，周遍充滿於一切處，而其生生善長之德，則能變化生出晝夜、寒暑規律之道。

滌除玄覽，能無疵乎

「滌除」，如洗滌般，剝除雜蕪疾疵之意，這裡是象徵如獲得復始新生般。「玄」，玄德也，元德也。「覽」，本義作「觀」解，乃周視全貌之意。「玄覽」，指玄德精粹純淨，能變化生出晝夜、寒暑之道，而晝夜與寒暑四時之道則是誠孚信實，規律恆常，猶如其德周全，最足可觀。「疵」，疾疵之意。

「滌除玄覽，能無疵乎」，指由玄德所生出的乾天運行之道，乃春夏秋冬復始循環，每當冬季終了，舊一年剝盡，又會重啟新一年的春始元生，就像是玄德不斷地復始滋長，生生不已般，而四時之道也因此得以恆常以動無疾疵。

《易經・復卦》卦辭云：「亨，出入無疾，朋來無咎，反復其道，七日來復，利有攸往。」天道之運行，一寒一暑，出入、往來平衡，春夏秋冬復始循環，一旦寒冬剝盡，又會復始元春，其道恆久以動而無疾疵。〈復卦〉卦辭之象，與「滌除玄覽，能無疵乎」意思相通。

愛民治國，能無知乎

所謂「能無知乎」，可同時包含兩種意思：一指為政在上者不應逞其聰明巧智治其國；另一指應積極教導人民，以啟迪民智。

「愛民治民，能無知乎」，指一位真正愛民與懂得治國的上位領導者，不會逞其巧智聰明，欲藉由諸多手段來治理國家、人民，而是能法天道自然之理，以其中正誠孚之德引領人民，並且積極地教育人民以啟發民智，人民則是可以自由的發展，以及具備獨立開創的新思維。

天門開闔，能無雌乎

「天門開闔」，形容天道晝夜之更迭，一白晝接之以一黑夜，就像是一扇門般，可以開可以闔。「能無雌乎」，由於雌與雄是相對應，故所謂「能無雌乎」，意思除了表達有陰必有陽，有開就有闔，若有白天，也就會有黑夜之外；另一層含意則是指天道剛健運行在上，坤地順承之而行，乾天與坤地就猶如一雄一雌偕行共進般。

「天門開闔，能無雌乎」，指天地日月之往來，就像是天門般開闔，而有白晝與黑夜之生成，在下萬物則是隨著天地日月之道而生長作息，同時萬物也像是從天地這道開闔之門所生出般。

明白四達，能無爲乎

此句意指一位真正明白四達，而具備「真知」者，是在瞭解道理後，立刻毅然地去篤行實踐，也就是能夠做到「知行合一」。

生之，畜之

「生之」，指玄德生出乾天之道，而這條乾天規律之道，將會規律運行，復始循環，同時其日照雲雨之德澤，則能利益生長萬物。

「畜之」，指坤地因知順承乾天，使內藏之玄德獲得發揚，並蓄積成博厚廣大，頤養承載各類萬物無窮。

生而不有

天地雖有蓄養生長和承載萬物之德，並不居其功，不會要求萬物任何回報，其德乃無我私以利益萬物。

爲而不恃

天道之臨保萬物，只是定出四時規律之序，公平行其日照雲雨之施益，然後任萬物自由成長，各自努力獲取所需，萬物並非一切倚恃天德給予保護照顧。

長而不宰

「宰」，宰制之意。天道以中正誠孚之德咸感萬物，萬物皆主動貞隨四時規律之道而行，天道並非利用高而在上之勢位以宰制萬物，萬物是自然地順服其德。

是謂玄德

本章說明何謂「玄德」，玄德者即「道之德」也，也是「道」生生善長之功的顯現，更是一切生生創造之本源。天地是它所由生，晝夜與寒暑四時也是由它所變化，萬物則因玄德之利益而生長繁榮，而聖人若懂得法「玄德」以治天下，可以王道天下也。

第十一章　三十輻共一轂

三十輻共一轂，當其無，有車之用。
埏埴以爲器，當其無，有器之用。
鑿户牖以爲室，當其無，有室之用。
故有之以爲利，無之以爲用。

【解義】

三十輻共一轂，當其無，有車之用

「輻」，連接軸與輪之間的輻條。「轂」，輻湊，即連接輻條的中心處。「三十輻共一轂」，指車輪的三十支輻條，是往軸承的中心處連結。當車子行進時，車輪的外圈會是不停地轉動，但連接車體和輪子的軸承，則被固定住不動。「當其無，有車之用」，指軸承的固定不動，就猶如是「當其無」，而車輪和車子的順利轉動前進，就是體現了「有車之用」。

其實，「三十輻共一轂，當其無，有車之用」，若引申到天德取象之義，是指四時復始循環之道，就好像是不停轉動的輪子，雖然春夏秋冬季節氣象不斷地更迭變化，但內在有一個猶如中正誠孚般的玄德，卻恆不改常，而這個不改常的玄德，就是「當其無」。

埏埴以爲器，當其無，有器之用

「埏」（音讀山），用水和泥。「埴」，黏土。「埏埴以為器」，指用水揉和黏土，製作成陶器。陶匠製作器皿時，器皿內部必須留空間處，才能成器具之用。「當其無，有器之用」，指當器皿內已經盛物，因為內部空間已經被占用，所以這時必須先把內容物倒掉，才能繼續器皿的下一次利用。

「埏埴以為器，當其無，有器之用」，此句若引申到天德取象之義，是指天道四時之運行，舊季節將會適時的遯去，讓下一季節有新生繼起的空間，而日照雲雨之天德施益，也會及時地損去，利益下濟各類萬物。

鑿户牖以爲室，當其無，有室之用

「戶」，門之意。「牖」，窗戶。「戶牖」，做為出入的門。「鑿戶牖以為室」指一間能夠居住的房子，一定要留門做為出入。「當其無，有室之用」，指房子要有可以自由出入的門，不能只進得來，卻無法出去，否則就不算是一間可居住利用的房子。

「鑿戶牖以為室，當其無，有室之用」，此句若引申到天德取象之義，是指天道晝夜、寒暑之運行，一晝一夜、一寒一暑，晝夜出入、寒暑往來，常保平衡，故能恆久其道。

故有之以爲利

「有」，是指能夠源源不絕地生出之意。「利」，利益之意。「有之以為利」，指玄德雖似空而虛無，卻能源源不絕地生出，不但變化出晝夜、寒暑之道，更有日照雲雨之施益，德澤利益天下萬物。

無之以爲用

「無」，這個「無」，並不是指一開始就是處在「無」的狀態，而是原本為「有」，在經過損去的過程，然後才變成無的。「無之以為用」，指玄德雖然能源源不絕地生出，但在這不斷益生的過程中，同時也會有損而逝去，把那些舊的、疾弱的損棄掉，正因為如此，才能成就玄德生生不已之利用。例如，四時季節之更迭運行，舊季節將會適時的遜退逝去，讓新季節有新生繼起之機會，而日照雲雨也會損去其盈滿，利益在下萬物，於是天道運行，就在這新舊季節不斷更迭當中，往前順進不已，並成就其至大之德。

第十二章　五色令人目盲

五色令人目盲，
五音令人耳聾，
五味令人口爽，
馳騁畋獵，令人心發狂；
難得之貨，令人行妨。
是以聖人爲腹不爲目，
故去彼取此。

【解義】

五色令人目盲

「五色」，指青、赤、白、黑、黃等五種顏色。「五色令人目盲」，不停地追求色彩上的感官刺激，讓豔麗紛雜的五顏六色不斷注其眼目，最後就是令人感到目眩神搖。

五音令人耳聾

「五音」，指宮、商、角、徵、羽等五音調。「五音令人耳聾」，不停地追求音樂聽覺上的享受，竟日讓那波動振盪的音聲樂調入其耳根，最後就會變得無法瞭解什麼是靜謐之美。

五味令人口爽

「五味」，指酸、鹹、甘、辛、苦等五種味道。「五味令人口爽」，一再地追求舌尖上的口感享受，結果就是即使滿桌的豐盛菜餚，仍然感覺乏味，難以挑起食慾。

馳騁畋獵，令人心發狂

「馳騁畋獵」，指騎馬奔逐，嬉戲打獵。「馳騁畋獵，令人心發狂」，縱情於嬉戲享樂，尋求一次又一次地冒險刺激，貌似膽大而進取，實即卻猶如是心發狂般，一步步將己身更推往險境。

難得之貨，令人行妨

「行妨」，指荒廢了進德和修業。「難得之貨，令人行妨」，醉心於嗜好上的蒐集，沈迷在無益於進德修業的事物上而不自知，此皆玩物而足以喪其志也。

是以聖人爲腹不爲目

「腹」，腹部是位在身體的最內、深處，這裡引申象徵為內在己德靈性。「目」，眼睛只能外視，無法向內看，這裡取此外、遠之象，以引申指追求外在感官嗜欲之享受。「聖人為腹不為目」，指聖人所著重的是內在己德靈性的提升，而非追求外在感官和物慾上的享受。

故去彼取此

「彼」，代表「他」，外也。耳目、口腹等感官上的享受，是猶如追逐向外。「此」，代表「我」，內也。己德靈性的提升，是猶如修身正己向內求。聖人不斷地提升內在己德靈性，而捨去耳目感官，或口腹之慾的享受，故「去彼取此」。

第十三章　寵辱若驚

寵辱若驚，貴大患若身。

何謂寵辱若驚？

寵爲上，辱爲下，得之若驚，失之若驚，是謂寵辱若驚。

何謂貴大患若身？

吾所以有大患者，爲吾有身，及吾無身，吾有何患？

故貴以身爲天下，若可寄天下；

愛以身爲天下，若可託天下。

【解義】

寵辱若驚

「寵」，尊居，尊貴，寵愛也。「辱」，屈辱，失也。「若驚」，患得畏失，心中一直驚疑不安。天道無私無我，視天下萬物俱皆平等，並無尊卑、上下或得失等分別。因此，人若能法天道之無我私，其存心動念皆以公而利他為先，捨去一己小我之私，則不管是得寵或受辱，自能不動於心。反之，若所思所慮僅及小我一身，得之驚，失之也驚，當然也就「寵辱若驚」。

貴大患若身

「患」，從串心，諸多憂慮、害怕，牽掛在心。「若」，近有所指，似也。「貴大患若身」，若僅就字面意思，此句是指人在寶貴「大患」，就猶似在貴重其「身」般。事實上，此句是在表達吾若越貴重此身，則「大患」就越容易隨之而至。

倘若把這句話調換成「貴身若大患」，亦無不可，甚至可以說這樣的字序才是「正確」的表達。而之所以會捨此取彼，猶如顛倒先後順序，成「貴大患若身」之語，這是隱喻吾輩總容易忘掉本末之義，顛倒輕重之根，理當捨去小我之私，卻反而貴愛此身，最後導致大患及身。

何謂寵辱若驚？寵爲上，辱爲下，得之若驚，失之若驚，是謂寵辱若驚

人若不能像天道公正無我私，就會有尊寵為上、屈辱為下之分別心。然而為何去我私之心，不會在意吾身此一小我，就可以寵辱不驚？這是因為人若汲汲營營只知謀求小我私利，就會患得患失，心中無時不刻，不是處在憂疑驚懼的狀態。因為得到時，深怕會失去，真的失去了，則又悵然失意，難以釋懷，是得之若驚，失之也若驚，當然也就「寵辱若驚」了。

何謂貴大患若身？吾所以有大患者，爲吾有身，及吾無身，吾有何患

為何吾之所以有「大患」，是起因於「為吾有身」？人若眼中所視，心中所慮，僅及一己小我此身，就會得失計算在心。因為得之也憂懼，失之也驚懼，思慮總是不停息地隨著外境變化而憧憧往來，而憂慮與煩惱就像是不斷地從這個「吾身」所生出般。

相對地，人若能法天道之無我私，此心只存利他為他之想，就會得失盡在外。自然地，憂慮煩惱也就不會入於我心。因此，一旦能捨去「吾身」，則吾有何患？

故貴以身爲天下，若可寄天下

「貴以身」與下一句的「愛以身」同意，均指使這個身體獲得尊寵或貴愛之意。「寄天下」與下一句的「託天下」意思也相同，是指可以成天下人民所寄託，即能夠君王天下之意。

「故貴以身為天下」，其實這一句話的字序排列，理應做「為天下故貴以身」較恰當，意指若能利益以濟天下人民，則這個「吾身」才能真正的得到尊寵和貴愛。換言之，真正寵貴這一個我身，是要無私利他以為天下，即若能「無我」，則身可存之意思。至於，為何字序要如此安排？其理如前「貴大患若身」之解釋，是隱喻須做到「後其身」，才能「身先」；「外其身」，然後才「身存」。

「若可寄天下」，指能夠無我私以利眾，並不求任何的回報，其身反而因此得到眾人的尊重，而眾人皆尊重之且貞隨之，就好像是可以成為天下人民所寄託。

愛以身爲天下，若可託天下

這句話等於只是再次強調上一句的意思，指真正懂得貴愛此身，就當法天道之無我私，不會計較個人小我之私利，願意利益天下而為公，才能獲得眾人的敬重與尊寵，也因此可以寄託天下也。

第十四章　視之不見

視之不見，名曰夷；
聽之不聞，名曰希；
搏之不得，名曰微。
此三者，不可致詰，故混而爲一。
其上不皦，其下不昧；
繩繩不可名，復歸於無物；
是謂無狀之狀，無物之象，是謂惚恍。
迎之不見其首，隨之不見其後。
執古之道，以御今之有。
能知古始，是謂道紀。

【解義】

視之不見，名曰夷

《易經》有明夷卦，卦名的「夷」字含有射傷意，而明夷是指光明被射落，象徵將進入黑暗。本句中的「夷」，所代表的意思也同那明夷卦之名，是指光明被夷去而進入黑暗。

「視之不見，名曰夷」，若僅就字面意思是指在黑暗之中，眼睛將無法看見。事實上，此句是在形容天道之運行，白晝與黑夜將往來更迭，就像是一明一昧上下交替。

聽之不聞，名曰希

「希」，少也，幾近於無也，這裡是指無聲之意。「聽之不聞，名曰希」，若僅就字面解釋是指靜而無聲，耳朵當然也就聽之不聞。事實上，此句除了解釋「希」字象外，是在形容天道雖然不必言語，猶如無聲可被聽聞，卻因一本誠孚，規律有節運行在上，其德則能咸感各類萬物，萬物皆應和其道而行。

搏之不得，名曰微

「搏」（音讀團），揑聚成團，集聚之意。「微」，如粉末細微般飄忽，難以捉摸。「搏之不得，名曰微」，指飄動在空氣中的細微粉塵，是無法將之揑聚成團的。事實上，此句除了解釋「微」字象外，是在形容晝夜、寒暑更迭運行之道，上下變動不居，猶如無物狀，亦無定象，故難以捉摸。

此三者，不可致詰，故混而爲一

「不可致詰」，無法究明其真相，即難以明白或看清楚之意。

本章是在解釋天道變化運行之情狀，例如，一晝一夜往來更迭，其道之運行規律信實，以及寒暑推移乃變動不居，即如前之夷、希、微等三句所象徵。然而即使合夷、希、微等諸情狀，也很難清楚形容天道生生變化運行之德，因此，只好用「一」來代表之，故稱「混而為一」。而一者，即由道之「無名」，生出了一之「有名」也。

其上不皦，其下不昧

「皦」，明亮。「昧」，昏暗不明。「其上不皦，其下不昧」，形容天道晝夜之運行，猶如一明一暗上下交替更迭，一旦走到白日之盡頭，接著就會進入黑夜；然而黑夜也不會長久，因黑暗過後即是黎明。

繩繩不可名，復歸於無物

「繩繩」，連綿不絕，相續不已之狀。「不可名」，不知由何處生出，亦不知所終止處，故無法稱其名狀。「繩繩不可名」，形容天道四時之運行，春夏秋冬一季接著一季，相續不已，不知其道起於何時，亦不知將終於何處。「復歸於無物」，天道運行終始循環，春夏秋冬一季季不斷動進向前，每當冬季終了，又會春生復始，因為舊的一年像是已遯逝得無影無蹤，所以是「復歸於無物」。

是謂無狀之狀，無物之象，是謂惚恍

「無狀之狀」，其狀因變動不定而無定狀，所以其狀乃「無狀」。「無物之象」，因為其物形乃飄忽不定，故無固定之物象。「惚恍」，飄忽不定，隱約模糊之意。「是謂無狀之狀，無物之象，是謂惚恍」，形容晝夜、寒暑變化更迭之道，乃上下不停地往來震盪，猶如飄忽般不定，並無固定之形狀，也沒有足可辨識之物象。

迎之不見其首，隨之不見其後

天道四時之運行，春夏秋冬終始循環，規律恆久而無止盡時，因為不知其始，亦不見其所終，所以是「迎之不見其首，隨之不見其後」。

執古之道，以御今之有

「執」，拿、執取之意。「古」，含有舊、恆久之意。「道」，這一個道指的是四時之道。「古之道」，象徵已遯退逝去的舊季節之意。「御」，駕御之意。「今」，現在或新的。「執古之道，以御今之有」，指天道之更迭運行，舊季節遯退逝去了，新季節將會適時的接替繼起，於是四時之更迭，就像是以一種「執古之道，以御今之有」的方式，往前動進不已。

能知古始，是謂道紀

「古」，舊的、過去的。「始」，復始新生之意。「能知古始」，形容天道四時之運行，將會循著春夏秋冬既定之順序，一步步規律有節，復始循環，往前遞進不已，就像是知道過去之路，也會瞭解未來行進之道。

「道」，指四時運行之道。「紀」，本義作「別絲」解，即治絲使分別之，而加以記識，含有記錄而可辨識之意。所謂「道紀」，是指天道四時之變化更革，規律有節，信而有徵，是循著既定常道，往前遞進不已，所以每當日月星辰再出現於天空中特定位置，就表示天道又已信實不忒地往另一新季節更革轉移。

《易經・革卦》卦辭云：「己日乃孚」。這個「己」就是等於此處的「紀」；而所謂「己日乃孚」之象，意思也與「道紀」相同，是指天地日月更革之道，乃規律有節，信而有徵。

第十五章　古之善為道者

古之善爲道者，微妙玄通，深不可識。

夫唯不可識，故強爲之容：

豫兮若冬涉川，猶兮若畏四鄰，

儼兮其若客，渙兮若冰之將釋，

敦兮其若樸，曠兮其若谷，混兮其若濁。

孰能濁以靜之徐清，孰能安以久動之徐生。

保此道者不欲盈，夫唯不盈，故能蔽不新成。

【解義】

古之善爲道者，微妙玄通，深不可識

「古」，恆久曰古。「善為道」，指既能「知」道，又能順道而行，然後與道合德，是稱「善為道」。「古之善為道者」，若僅就字面解釋，是指古之善為道之士。事實上，此句中的「善為道者」，指的是坤地，坤地之道才是天下最懂得「善為道」者，這是因為坤地知恆順承天而行，能與乾天合德，並蓄積成深厚廣大，頤養萬物無窮。

「微」，細小也、少也。「妙」，精微深奧，神妙難知。「玄」，玄德也。「通」，通達無所阻也，亦有合德相通之意思。「微妙玄通」，指雖然「道」乃玄深奧妙，精微難知，然而地道卻猶如是位最瞭解「道」者，因為地道知恆順承天道而行，故能與「道」合德而相通。

「深不可識」，一方面指「道」乃微妙玄深，難以識其容狀；另一方面則同時隱喻坤地因懂得順道而行，故能漸積成深厚廣大。

夫唯不可識，故強爲之容

因為「道」乃玄深奧妙而難識，故僅能藉由許許多多外顯之情狀，勉強形容天

道之德。

豫兮若冬涉川

「豫」，一種特大之象，此獸生性多疑，行動時特別小心，這裡是取此象徵，以引申謀定而後動之意。「冬涉川」，冬天河水寒冷，欲涉險川，必須謹慎小心，應先有充分準備，然後才行動。

「豫兮若冬涉川」，指天道四時之運行，春夏秋冬就像是一條已預先擬定的行事計畫，未來天道將循著季節既定之次序，一季季規律有節，遞進向進。

另外，「豫兮若冬涉川」與《易經・豫卦》卦辭「利建侯行師」意思相通。所謂「利建侯行師」，是指天子所分封布建在四方的諸侯，領域若越廣遠和縝密，一旦有行師征伐之發動，取得勝利成功的機會就會越大。而〈豫卦〉卦辭之象，其實可引申形容四時運行之道，就像是一條已預先擬定的「建侯計畫」，未來天道會像是「行師」一般，循著春夏秋冬既定次序，一季季遞進向進。

猶兮若畏四鄰

「猶」，獸名，似猴而性多疑。生性多疑的猿猴，忽聞有聲，就會驚懼攀爬上樹，久之才敢下來，沒多久又再上去，如此上上下下，來回多趟。「畏四鄰」，形容對於周遭時時懷著警戒不安，行動瞻前顧後，進退猶疑不定。

「猶兮若畏四鄰」，形容晝夜、寒暑運行之道，將會上下往來震盪，就像是時時懷著警戒而猶疑不定，但天道之動進並不會因此偏離既定之常道，仍然周而復始，規律有常，往前亨通流行不已。

儼兮其若客

「儼」，態度莊重、嚴肅貌。「客」，過客之意。「儼兮其若客」，原指雖然像過客般漂泊不定，卻又能保持著隨遇而安的態度，猶如不失其自律嚴謹態。這裡是用來形容四時運行之道，就像是一條連續之行旅，每走完舊的一季，就會立刻往新一季前進，如此規律有節，一季季遞進向前。

另外，「儼兮其若客」與《易經・旅卦》卦辭：「小亨，旅貞吉。」可說意思相通。〈旅卦〉卦辭意指天道運行就像一條連續不已的行旅，春夏秋冬各季節則像是其間不同的旅站，天道是先穩健地走完這一季，才會繼續往下一季行旅前進，如此一季季遞進向前，亨通流行不已。

渙兮若冰之將釋

「渙」，水流盛多而流散之意。「釋」，解也，脫散之意。「冰之將釋」，當冰溶化時，會是整塊均勻地溶解。「渙兮若冰之將釋」，形容天道乃源遠流長，渙廣流行，恆久不已，而日照雲雨之德澤，則均勻普施天下萬物。

另外，「渙兮若冰之將釋」也與《易經・渙卦》卦辭：「亨，王假有廟，利涉大川，利貞。」意思相通。〈渙卦〉卦辭之象是指晝夜、寒暑之道，亨通運行，源遠流長；同時天道因具備中正誠孚之德，所以也像是一座神格充滿的大廟，德澤廣被天下萬物，而萬物則是在天德的利益下，綿延不絕地繁榮發展。

敦兮其若樸

「敦」，厚實也。「樸」，樸素無染著也，可象徵誠孚無雜思之德。「敦兮其若樸」，形容天道誠孚信實，中正無我私之德，是天下最高、最厚實之德，萬物莫不上觀並順服其道而行。

另外，「敦兮其若樸」則與《易經・觀卦》卦辭：「盥而不薦，有孚顒若。」意思相通。所謂的「盥」，是祭祀前以盆水淨手的儀式，代表真誠無雜思。而「薦」則是指隨後將手中祭品上供。「有孚顒若」，也是象徵誠孚之德充滿之意。而〈觀卦〉

卦辭之象是指天道中正誠孚之德，就像是「有孚顒若」般，其德至大，最足可觀，萬物莫不感天道之誠孚實信，皆順隨其道而行。

曠兮其若谷

「曠」，本義作「明」解，乃指光明大放而言。「谷」，兩山間之窪地，有虛空之象，這裡是用以象徵天德猶如從虛空中源源不絕地生出。「曠兮其若谷」，形容天道日照雲雨施益之德盈滿，如光明之四照般，天下萬物皆普受其德澤，並因此生長繁榮於天地間。

混兮其若濁

「混」，水流并下之狀，有混合眾水同進之意。「濁」，原指水不清，這裡是用以形容道之情狀，猶如混沌不清。「混兮其若濁」，形容天道乃玄深奧妙而難識，亦猶如其形其狀混濁不清，故只能藉由豫、猶、儼、渙、敦、曠等諸情狀，勉強形容什麼是「天道之德」。

孰能濁以靜之徐清

「濁」，混濁狀態。「靜」，從爭從清，這裡含有不爭而守常之意。「靜之徐清」，指因為具備清靜守常之德，故能從原本混濁不清的狀態，慢慢地見到其清淨光明。「孰能濁以靜之徐清」，指雖然道深奧難識，猶如混沌般濁而不清，然而坤地因卑下處後，有著清靜守常不爭之德，懂得順承天道而行，故坤地終能與天道合德，也因此惟坤地能善為道而「明道」。

《易經．坤文言傳》云：「坤至柔，而動也剛，至靜而德方。」所謂坤地之「至靜而德方」，意思與「濁以靜之徐清」有相通處。

孰能安以久動之徐生

「安」，安適穩定之意。「久」，恆久意。「安以久」，指能恆久保持安適穩定之意。而之所以能夠「安以久」，恆久保持安穩，這是因為懂得借時變化，順隨時勢之宜而調節所致。「動之徐生」，指因為知順隨時勢之宜而動，故能一步步蓄積成博厚。「孰能安以久動之徐生」，指地道因為「安貞」於天道而行，即能恆順隨晝夜、寒暑變化之動而動，應和季節更迭之序而調節，故能與天道合德，並蓄積成深厚廣大之功，頤養承載萬物無窮。

「安以久動之徐生」實與《易經・坤卦》彖傳：「安貞之吉，應地無疆。」意思相通。所謂「安貞之吉」，是指坤地知貞隨乾天中正之道而行，偕四時規律之序以動，故能動進有功，吉而有得。「應地無疆」，指坤地因知應和貞隨乾天而動，因而與乾天合德，並成就深厚廣大，承載萬物無窮，猶如德厚無疆。

保此道者不欲盈，夫唯不盈，故能蔽不新成

所謂「保此道」，是指懂得善為道，方能保此道。由於坤地是最「善為道」，所以坤地也就能「保此道」，即與「道」或「天道」合德。至於，坤地是如何做到善為道，而「保此道」？這是因為坤地有「不欲盈」之德，即所謂的「保此道者不欲盈」。

又，何謂坤地之「不欲盈」？所謂「不欲盈」者，就是守常不爭之德也。而坤地之所以具備守常不爭之德，是因為坤地懂得恆順承天。至於，坤地又是如何做到順承天？誠如〈坤卦〉卦辭所云，坤地有著「利牝馬之貞」之德即是。而「利牝馬之貞」者，是指坤地像那牝馬之柔順利貞，不但跟隨得上象徵乾天的剛健雄馬之步伐，又不會行之在前，而迷失其道。坤地這種既能貞隨得上剛健乾天，同時又不會行之在前，即是守常不爭之德的表現，也是所謂「不欲盈」之意思。

至於，什麼是下一句「故能蔽不新成」之意？蔽，隱蔽。而這一個「隱蔽」之

象，是指坤地雖有玄元之德，卻仍含藏在內。「不新成」，若僅就字面意思，是指不能得到新生與功成。而所謂「蔽不新成」這四個字，在此同時含有正向和反向兩種意思在裡面：一指坤地必須順承中正天道而行，才能讓含藏在內的玄元得到發揚，而成就新生善長與頤養萬物之功；另一是指坤地若不知順承天，則玄元就會一直隱蔽在內，未來也就不能發揮出「新成」之功，即無法蓄積成博厚廣大。

再簡單的解釋，所謂「保此道者不欲盈，夫唯不盈，故能蔽不新成」，其實就是在形容坤地是如何的「善為道」，指出坤地因恆順承乾天而動，有著守常不爭之德，也正是因為坤地這種「不欲盈」之德，才能讓藏蔽在內的玄元之德獲得發揮，並蓄積成博厚廣大，頤養承載萬物無窮。

第十六章　致虛極

致虛極，守靜篤。
萬物並作，吾以觀復。
夫物芸芸，各復歸其根。
歸根曰靜，是謂復命。
復命曰常。知常曰明。
不知常，妄作凶。
知常容，容乃公，
公乃王，王乃天，
天乃道，道乃久，
沒身不殆。

【解義】

致虛極

「致」，推至。「虛」，空而無物。「極」，形容其德寬廣無所限制，猶如至大而無極。「致虛極」，指「道」猶如至虛般，空而不可名狀，然而道卻能變化晝夜、寒暑規律之常道，生出日照雲雨之施益，以及化育萬物，所以道這種真空能生妙有之德，可說是至大、至極，無法用任何言語來形容其神妙。

守靜篤

「守」，貞守、守常意。「靜」，清靜守常而不爭，這裡是指坤地恆順承天之德。「篤」，篤行實踐，因而蓄積成厚實之意。「守靜篤」，指坤地知恆順承乾天，有守常不爭之德；同時也因為坤地懂得貞隨中正天道而行，故能蓄積成博厚廣大。

萬物並作，吾以觀復

萬物並作，萬物並作而茂盛繁榮之意。

「復」，返回，歸復，指萬物貞隨天道規律之序而行，猶如萬物是歸復於天道。

「吾以觀復」，指天道中正誠孚，復始循環，恆久運行無差忒，其德至大，最足可觀，故萬物皆樂意「歸復」其道而行，且獲得並作繁榮。

夫物芸芸，各復歸其根

所謂「夫物芸芸，各復歸其根」，可以視為是上一句「萬物並作，吾以觀復」的進一步詮釋，兩處意思相同。

「芸芸」，繁榮茂盛狀。「夫物芸芸」，也是指萬物並作而茂盛繁榮之意。「根」，根源，指天道是萬物根源主之意。「各復歸其根」，指萬物是在天道中正引領，以及德澤施益下並作繁榮，所以，天道就像是萬物的根源主。又，正因為天道無我私，中正誠孚規律運行在上，德澤萬物並不居功，因此，萬物皆知「歸復」中正天道而行，「各復歸其根」之謂。

歸根曰靜，是謂復命

雖然「歸根曰靜」，是從「各復歸其根」延伸而來，但意思已轉為是在解釋如何與天道合德一義。「歸根」者，回歸到天道這個根源主之意。「靜」，同前面「守靜篤」的靜，即做到清靜守常，懂得順承天道之意。「歸根曰靜」，指坤地知恆順承天，能與天道合德而「歸根」，亦即因為保持清靜守常不爭之德，知順天理而為，故能與「道」合，而回歸至那一個猶如是萬物性命的「根源主」。

「命」，原指一段變化演進的流程，或是一種既定的律則或安排。例如，萬物每一個體皆有其「生命」，也就是從出生開始，就有其不同所屬之生命型態，以及變化演進之進程，而且其進程也猶如是已由「先天」所支配或賦予般。

至於本句中的「命」，則是指「天命」之意。然而，何謂「天命」？天道之運行，春夏秋冬復始循環，就好像是一段又一段生生變化不已之進程，而這種恆久生生不已之進程，就稱為「天之命」。此外，天下萬物之生命得以繁榮，是因天道中正規律之序的引領，和日照雲雨之德所賜予，故天道也就猶如是萬物性命的根源主。

「是謂復命」，指天道四時復始循環，一季接著一季動進正無差妄，恆久運行在上，各類萬物則莫不「歸復」此性命之宗源主，皆順隨這條中正誠孚大道而行，是謂萬物之「復命」。

復命曰常。知常曰明

這個「復命」，雖然也是從上句的「是謂復命」延伸而來，但兩處意思已有差別。上一句的「復命」，主要是指萬物將「歸復」四時規律常道這一義，而此句中的

「復命」，則是在表達天道運行復始循環，規律有常，動進無差妄，其道乃「復命」。因此，所謂「復命曰常」，指這個稱為「復命」的四時復始循環之常道，也可以簡稱為「常」，即其道規律有常之意。

「明」，明白、明知其理之意。「知常曰明」，指若懂得貞隨天道之常則而動，知順隨天理而為，便是一位明白通達者。

《易經．无妄卦》彖傳云：「大亨以正，天之命也。」稱為「天之命」的這條中正天道，乃至大至中正，其道則復始循環，亨通流行，恆久無差妄。〈无妄卦〉彖辭所云，可與「復命」之意思互參。

不知常，妄作凶

相對於「知常」的順天理而為，所謂「不知常」，就是指不知法天德作為，不懂得順隨天理常則而行之意。「妄作凶」，指若不知順天理而為，不懂得清靜守常之道，就會落入有為之妄作，故將動而有凶。

《易經．无妄卦》卦辭云：「元亨利貞，其匪正有眚，不利有攸往。」所謂「其匪正有眚，不利有攸往」，是指不知循正而行，即不知常而妄作，故將有災害，其意思實與「不知常，妄作凶」相通。

知常容

這個「知常」，也是從前面的「知常曰明」延伸而來，只不過前一個「知常」是站在人，或萬物的立場以觀天道，指知道貞隨中正常道而行之意；而這一個「知常」，則是在站天道自身的立場而言，是指天道之動進運行猶如「知常」。

因為此句的「知常」是指乾天規律運行之常道，而「容」則有天德之容納或蓄積之意，故所謂「知常容」，意指這條乾天運行之道，除了四時春夏秋冬規律有常之外，在這季節更迭之過程中，還同時伴隨著日照雲雨之天德施益。

容乃公

「容」，指天德有日照雲雨之容蓄之意。「公」，公平無私，均勻普施之意。「容乃公」，指天道有日照雲雨施益之德，將公平普施在下各類萬物。

公乃王

「王」，尊或廣大，天下皆尊之之意。「公乃王」，指因為天道之德澤公平普施天下萬物，卻不求萬物任何回報，然而萬物莫不感天道之德澤，皆尊之與貞隨歸復之，故天道猶如是「天下王」也。

王乃天

「天」，天道也，四時規律之常道也。「王乃天」，指這個能成為天下萬物所歸往的「王」，其實就是乾天之道。

天乃道

所謂「天乃道」，意思是指「道」即天道也。也就是說，乾天晝夜、寒暑運行之道，即是「道之常」的顯現，而天道日照雲雨之德，即是「道之德」也。

道乃久

所謂「道乃久」，是指這條乾天運行之常道，乃規律循環，恆久不已。

沒身不殆

「沒身」，指到了盡頭之意。「殆」，勞也，殆盡也。「沒身不殆」，指乾天運行之道，之所以恆久不已，這是因為四時之更迭乃終始循環，每當冬季終了，又會春生復始，故其道得以恆久而「沒身不殆」。

第十七章　太上不知有之

太上，不知有之；
其次，親而譽之；
其次，畏之；
其次，侮之。
信不足焉，有不信焉。
悠兮，其貴言。
功成，事遂，百姓皆謂：「我自然」。

【解義】

太上，不知有之

「太」，大也，至大而無極之意。「上」，至高至上，無與倫比。「太上」，象徵道或玄德，並形容其德至大、至高而無極，至上而無與倫比。

「不知有之」，指玄德雖至大至上而無極，可始生天地，化育天下萬物，卻因猶如虛無而不可稱名狀，故「不知有之」。

本章主旨是在講為政者之不同治道，指出最上的聖王之治道乃「道法自然」，並再依次列出不同為政者之類別。但既然是在講聖王之治道，為何卻以象徵玄德的「太上」做為本章之首句？

其實，這是隱喻聖人之治天下，當懂得「道法自然」，因為天道只是中正誠孚、規律運行在上，而萬物則自然的繁榮於天地之間。所以，為政在上者知效法此天德作為，能夠誠身正己在上，以清靜守常，樸而無為做治道，而人民則是各盡己職，自由發展，社會也會走向和諧次序，但這種「無為」之治道，人民卻像是感覺不到有上位者之存在，猶如「不知有之」。

其次，親而譽之

「親」，親近之意。這個「親近」之象，並非指上位領導者受到人民的親近，而是指上位者存有好惡與親疏之分別心，也就是對特定族群親而偏愛之意。「譽」，名聲讚譽之意。這個「讚譽」之象，也非指上位者已獲得人民的讚譽，而是指上位者好大喜功，以期獲得名聲稱譽，或是欲藉巧智聰明與諸多作為，以博取人民的稱譽讚揚。

「其次，親而譽之」，指相較於清靜守常，樸而無為之治道，次一等的為政者，做不到無私以仁愛所有人民，而是對不同地域的人民或族群有所偏愛；同時也會好大喜功，或藉由巧智聰明諸多作為，以期博得人民的讚譽。

其次，畏之

「畏」，畏懼之意，指利用嚴刑峻法使人民畏懼。「其次，畏之」，指再次一等的為政者，是藉由諸多的嚴刑峻罰，威嚇和統治人民，以迫使人民順從。

其次，侮之

「侮」，輕賤，侮慢。「其次，侮之」，指最下一等的為政者，貪財好利，永不知足，對人民暴斂橫徵，也不重視民命，待人民如草芥般輕賤，當然反之人民也將視他如寇讎般輕蔑，乃至群起推翻他。

信不足焉，有不信焉

為政在上者做到誠孚信實，中正在位，才會得到人民的孚信應和與敬服。倘若，上位者不能誠身正己在位，無法以誠正之德做為人民榜樣，當然人民也就不會信任他，所謂「信不足焉，有不信焉」。

悠兮，其貴言

「悠兮」，自在貌。天道不必言語，只是誠孚信實定出四時規律之序，萬物自然地順隨其道，而生長繁榮於天地之間。為政在上者觀天道以中正誠孚之德咸感萬物，毋須任何言語，就像是「悠兮其貴言」般，於是體會到並非言語之說能勸民，乃因中正誠孚之德能化民。

功成，事遂，百姓皆謂：我自然

此句中的「我」之象，含有上位領導者應做到誠身正己向內求之意。而「自然」

者，「天道自然」也，即天道只需中正誠孚在位，萬物自然地順服其道而行，並且各自繁榮於天地之間。

「功成，事遂，百姓皆謂：我自然」，全句意指為政在上者知效法天德作為，誠孚信實，中正在位，並以清靜守常，樸而無為做治道，不會對人民多加干涉，人民則是可以自由地創造與發展，而等到人民安居樂業，社會和諧安定，猶如已事遂功成了，人們尚不知其功，認為：自然之道本就是如此。

第十八章　大道廢

大道廢，有仁義。
智慧出，有大僞。
六親不和，有孝慈。
國家昏亂，有忠臣。

【解義】

大道廢，有仁義

在理解本章或是接下來的第十九章時，必須先辨明何謂「本」、「末」之義，才不會誤認為老子是在講衰世道德淪喪之亂象，而把本章意思理解成「大道」已廢失無法施行，只好退而求其次，提出仁義等道德規範來匡治。

本句的「大道」，意思與〈禮運大同篇〉「大道之行也」的大道相同，也就是指聖人之治道之意。而所謂「大道廢，有仁義」，其實是指由於聖人之治天下，目的是使人民知仁尚義，倘若人民已經知仁尚義，這時既然「本」已得立，當然也就毋須再煩其政，故猶如治道可廢矣！

智慧出，有大僞

此句意指人民誠孚講信，彼此互利互助，才是社會得以繁榮進步的「本」。相對地，一個社會若充斥著自私自利的風氣，凡事皆從為一己之私而謀，則人民若越聰明，虛偽狡詐之事就越出，所謂「智慧出，有大偽」之意。

六親不和，有孝慈

《大學》云：「家齊而後國治」。由於一國是由無數個家所組成，所以若是一國之內的每一家，皆六親和睦而齊其家，國家自然可得治矣。倘若，一國之社會風氣敗壞，家庭之六親，父子、兄弟、夫婦不能各盡己責，彼此無法和睦相處，則家庭倫理喪失的結果，就是家道不能齊，以及國不可治。換言之，若是六親不和，家道不正，影響所及就是國不可治也。

若欲使六親和睦，而家道正，則必須以父慈子孝為根本。假如，全國每一家皆孝慈，六親必能和睦相處，社會風氣將變得善良純樸，國家自然地也會走向安定得治。因此，各家皆孝慈，而能齊其家道，這將會是國家得治與否的「本」。

國家昏亂，有忠臣

一國之君若能誠身正己在上，並以清靜守常為治道，則國家自然會清明得治，又哪裡需要忠臣的匡救？因此，當君主昏庸，人民生活困苦，國家陷入昏亂，猶如已喪失其「本」，這時縱使有忠臣之謀國，又何益？

第十九章　絶聖棄智

絕聖棄智，民利百倍；
絕仁棄義，民復孝慈；
絕巧棄利，盜賊無有。
此三者，以爲文，不足。
故令有所屬，見素抱樸，少私寡欲。

【解義】

絕聖棄智，民利百倍

為政在上者能啟迪民智，並教導人民彼此義利互助，這才是真正的「民利百倍」。而當民智開啟，人民彼此誠信和互助，這時又何需聖與智者的出現和治理，可棄絕之矣！

絕仁棄義，民復孝慈

人民懂得孝順父母，慈愛家人，民風歸復敦厚純樸，這時又何需再有仁義教化之施行，可棄絕之矣！

絕巧棄利，盜賊無有

人民去其私心奸巧，彼此誠信往來，互利合作，這時盜竊亂賊自然也就不作矣！

此三者，以為文，不足

此句是在解釋前面三句話，是取文飾與本質的內外相對應關係，以說明本、末之義。

這一個「文」，是指外在的文飾、賁飾之意。而所謂的「此三者」，是指絕聖棄智、絕仁棄義、絕巧棄利這三者。至於為何要棄絕「此三者」？如前之解釋，因為對於民智的開啟，人民皆孝慈，以及去其私心奸巧，這些才是真正所要追求的實質內涵，而相較之下聖智與道德教化的施行，就猶如只是外在暫時的文飾，故「不足」。

故令有所屬，見素抱樸，少私寡欲

「令」，含有號令之意。「屬」，附屬，歸附。「故令有所屬」，此句意指先有一個如同發號施令的根本中心被建立，其餘的，則猶如只是附屬者，而未來這些附屬者將會視此根本中心，為所共同依歸的對象。例如，上位者若能做到誠身修己，正位在上，未來天下人民自然會效仿其德，並順服其治。

「見」，觀見。「素」，保持著真誠自然的本色之意。「抱」，緊緊貞隨著，猶如懷抱般合而為一。「樸」，少私寡欲，質真而純樸。「見素抱樸，少私寡欲」，指為政在上者應誠身正己，樸而少其私，寡其欲，以做為人民效法之榜樣，人民將上觀而順從之，民風自然地也就會歸向於敦厚純樸。

第二十章　絕學無憂

絕學無憂。

唯之與阿，相去幾何？善之與惡，相去若何？

人之所畏，不可不畏。荒兮其未央哉！

眾人熙熙，如享太牢，如春登台。

我獨泊兮其未兆，如嬰兒之未孩。

儽儽兮，若無所歸。

眾人皆有餘，而我獨若遺。我愚人之心也哉！

沌沌兮，俗人昭昭，我獨昏昏。俗人察察，我獨悶悶。

澹兮，其若海。飂兮，若無止。

眾人皆有以，而我獨頑且鄙。

我獨異於人，而貴食母。

【解義】

絕學無憂

這一個「學」字，是指學習之意。由於人出生初始蒙昧無知，在成長的過程中，本來就需要不斷地學習，才能日益進步而發其蒙，但老子為何在此稱「絕學」，才會「無憂」呢？其實，這個「絕學」有另一層象徵含意，它不是指斷絕一切學習，真正要表達的意思是指——學習如何捨去我私。

人生而蒙昧，固然需要學習，但人之學習則可以有二種區分：一是學習如何捨去私心嗜欲，而讓內在明德獲得發揚；一是學習更多的知識與技藝，以遂其追求名利欲望的滿足。對於積極地學習如何獲取更多的名利，這是私心欲望的營求，而老子這裡所說的「絕學」，其實指的就是應棄絕這種不斷追求名利的「學習」。

因此，所謂「絕學無憂」，並不是指斷絕一切學習，使我變成如愚人般而無憂，而是指人若能棄絕我私和嗜欲，不再汲汲營營於名利追求，則心中就不會起憂慮罣礙，卻能生出智慧和勇氣。

唯之與阿，相去幾何

「唯」，對於尊長的應答之詞，表示恭敬之意。「阿」，也是指應諾之聲，但含有迎合的意味。同樣是應諾之聲，表面上看似相仿，但禮敬的回答，與阿諛的回應，一是能直理而行，另一則是阿諛地討好。因此，所謂「唯之與阿，相去幾何」，其實這是隱喻若心中有所圖求，多私欲，就會氣餒，若是無私欲，則能守正不阿。另外，此句實與「無欲則剛」意思相通。

善之與惡，相去若何

「相去若何」，指試問其間的差別又有多少呢？「善之與惡，相去若何」，指能辨別善惡，是因為有智，然而一旦私心太重而有所圖求時，往往會因此蒙蔽理智，難以再明辨善與惡之差別。

人之所畏，不可不畏

為何別人所畏懼的，自己也將跟著畏懼？其實，這裡所說的「畏懼」，是指見義不為而無勇之意。而人之所以會見義不為，這是因為自我私心太重，因害怕將損及己身之利益，才會導致落入失義無勇而心感畏懼。

荒兮其未央哉

「荒」，荒遠之意。「央」，指中央。「未央」，意指不是向內集中，而是往外擴散離去。「荒兮其未央哉」，指人若不懂得去我私嗜欲而返樸，反而是一再追求私心欲望的滿足，就會像是走向一條荒遠無止境的茫茫道路。

眾人熙熙，如享太牢，如春登台

「眾人熙熙」，形容眾人競名逐利，忙碌熙攘，樂此不疲。「如享太牢」，太牢是祭祀用的牛、羊、豬三牲，而「如享太牢」是用來形容眾人享受美食盛宴。「如春登台」，春天登高台遊樂，欣賞美景，這是形容縱情於嬉戲。

我獨泊兮其未兆，如嬰兒之未孩

「泊兮」，澹泊名利之意。「兆」，徵兆，跡象。「未兆」，形容心中平靜無欲，不受外界聲色引誘。「嬰兒」，象徵性純無雜疵。「未孩」，孩是嬰兒成長的下一階段，所以「未孩」是形容仍然持續保持著如嬰兒般純真無欲，不被外界污染。

「我獨泊兮其未兆，如嬰兒之未孩」，全句意指眾人皆競逐名利，縱情於享樂嬉戲，而我則選擇澹泊名利，心中常保平靜無欲，如嬰兒般純真無染著。

儽儽兮，若無所歸

「儽」，垂貌、懶懈。「儽儽兮」，態度不積極貌，形容不會汲汲營營。「若無所歸」，因為歸字有返回向內之象，故所謂「若無所歸」，這是象徵不會往裡面斂聚，含有不貪求而常知足之意。

眾人皆有餘，而我獨若遺

「有餘」，指因貪得而聚斂，故有餘。「遺」，捨去、丟棄。「眾人皆有餘，而我獨若遺」，指眾人皆貪多務得，永不知滿足，而我卻是選擇捨去我私，寡其嗜欲，返樸歸真。

我愚人之心也哉

這一個「愚人」，可視為是在呼應首句的「絕學」。雖然人若不學，就會愚昧無知，但為何老子會有「不學如愚」之說？又為什麼要保持「愚人之心」？

其實，老子這是在隱喻人心之本來面目，原是澄澈清明，只因被私心嗜欲所塵封。因此，人所應該學習的：是戒貪多務得，是學習如何捨去嗜欲，而非學習多「巧智」，幫助自己能競逐更多的名利，以遂私欲之滿足。因為這種學習如何「捨去」，讓心之澄明得以顯現，就好像是「不學」，同時也是為何稱保持「愚人之心」之理。

沌沌兮，俗人昭昭，我獨昏昏

「沌沌兮」，指混沌狀態，同《莊子・應帝王》文中沒有七竅的「渾沌」。「渾沌」是《莊子》寓言中的人物，原本沒有七竅，即沒有兩眼、兩耳、兩鼻孔及口，這七孔竅以司視聽食息，後來因日鑿一竅，結果卻七日後死去。其實莊子是以寓人：若一直追逐聲色嬉戲等感官享樂，就會像那日鑿一竅的渾沌，孔竅越多，嗜欲越深，離心本來之清明也就越遠。所以「沌沌兮」，也可以說就是指一直保持著尚未被嗜欲所染著前的狀態。

「俗人昭昭」，形容一般人皆好彰顯其才智聰明，並以其巧智追求名利不已。「我獨昏昏」，形容我則選擇捨去我私嗜欲而如愚。

俗人察察，我獨悶悶

「俗人察察」，指一般人常好用其智慮，斤斤計較而明察。「我獨悶悶」，指我則選擇關閉追逐私欲之思慮。

澹兮，其若海

此句是形容棄其私心嗜欲者，其心中恬淡平靜，將如同那大海般，廣大開闊。

飂兮，若無止

此句是形容棄其私心嗜欲者，其內心之自由，如高吹之風般，不受約束。

眾人皆有以，而我獨頑且鄙

「以」，字象從倒已，已作「止」解，倒已就是「不止」。「有以」，追名逐利不止息之意思。「頑」，愚而無知狀。「鄙」，荒僻處。「眾人皆有以，而我獨頑且鄙」，指眾人爭相追名逐利，我則選擇如「愚人」般，捨私棄欲，不爭處後，心中常保持恬淡平靜，如那海闊天空般逍遙。

我獨異於人，而貴食母

這一個「人」，是指世俗之一般人，而世俗人總是汲汲營營於滿足一己之私欲。「貴」，重視、貴重。「食母」，這個食是取其養意，母是取其能生之象，而「食母」則是用以象徵天地能生養萬物。

「我獨異於人，而貴食母」，指天地無我私，利益萬物並不求回報，而我則願意法天地之德，不學他人之汲汲於名利，而是「貴食母」，願意捨棄小我之私欲以利益他人。

第二十一章　孔德之容

孔德之容，惟道是從。
道之爲物，惟恍惟惚。
惚兮恍兮，其中有象；
恍兮惚兮，其中有物；
窈兮冥兮，其中有精；
其精甚眞，其中有信。
自古及今，其名不去，以閱眾甫。
吾何以知眾甫之狀哉？以此。

【解義】

孔德之容，惟道是從

「孔」，空也，這也是用以象徵玄德猶如虛而空無。「容」，含納，指日照雲雨等天德之容蓄。「孔德之容」，指玄德雖然像虛空般無法見其形其狀，卻能始生天地，變化晝夜、寒暑之道，以及生出日照雲雨，利益生長各類萬物，故乃知玄德非空無，而是實有所容。

「惟道是從」，指若欲知玄德真而實有，惟有「從道」而行，就像那地道之知順承天道而行，以及萬物能順從天道規律之序而動。

道之爲物，惟恍惟惚

「物」，這一個「物」，指的是由道所生成的晝夜、寒暑往來變化之道。「恍惚」，混沌般飄忽不定之意。「道之為物，惟恍惟惚」，指道原本是猶如「空而無物」的，然而由道所生出，且能代表道生生變化之德的晝夜、寒暑之道，則像是「有物」，而此物乃惟恍惟惚，其動進更迭則如飄忽般不定。

惚兮恍兮，其中有象

「象」，指春夏秋冬四時之象。「惚兮恍兮，其中有象」，指雖然晝夜、寒暑之往來更迭變化，如惚兮恍兮般，飄忽不定形，事實上，其中卻有四時春夏秋冬規律之季節氣象。

恍兮惚兮，其中有物

這一個「物」，與前句「道之為物」的物，是分別代表兩種不同對象。此句之「物」，指的是日照雲雨之物。「恍兮惚兮，其中有物」，指這條如恍兮惚兮般飄忽不定的晝夜、寒暑之道，除了有四時春夏秋冬之季節變化外，還同時伴隨著日照雲雨之施益。

窈兮冥兮，其中有精

「窈冥」，深遠幽暗，如無止盡貌。「精」，形容天道運行之德，剛健中正純粹精。「窈兮冥兮，其中有精」，指天道晝夜、寒暑之動進運行，剛健中正，故其道能源遠流長，恆久不已，猶如無有止盡時。

其精甚眞，其中有信

「真」，象徵誠孚信實，故真。「其精甚真，其中有信」，指這條畫夜、寒暑更迭運行之道，不但其德剛健中正，其道動進更是規律有節，誠孚有信，復始循環，恆久永不差忒。

自古及今，其名不去，以閱眾甫

「閱」，字象從門從兌，兌是指雙方的往來兌悅應和之意，而閱音同悅或說，古之悅與說同音，所以這個「閱」在此是取其猶如雙方往來兌流之意。換言之，天道剛健中正運行在上，在下萬物兌悅應和四時規律之序而行，這就是「閱」之所象徵。「眾甫」，這個眾是象徵萬物，而甫同哺，生養之意，故所謂「眾甫」，是用以象徵這個能生養天下萬物的天道。

「自古及今」，形容天道乃從古至今，亙古長存。「其名不去」，指道雖不可名狀，卻無處不見玄德實用之功，亦即道雖「無名」，但並非虛而不存在，而是有實德之容，是以「其名不去」。「以閱眾甫」，指這條中正天道規律運行在上，萬物皆應和其道而行，其日照雲雨之德澤，則能頤養繁榮天下萬物。

吾何以知眾甫之狀哉？以此

所謂「眾甫之狀」，是指天道動進運行之情狀。雖然，道之為物乃惟恍惟惚，是上下不斷往來震盪，如飄忽般無定狀，但為何萬物莫不知應和貞隨這條晝夜、寒暑之道而行？即萬物是如何知道「眾甫之狀」，而主動往貞隨之？這是因為這條晝夜、寒暑之道具備「以此」之德。

又，何謂「以此」之象？「以」者，不止也，有恆久不已之含意。「此」，與彼相對，而彼是代表外，此是指內，這個「此之內」是用來象徵天道內在剛健中正、誠孚信實之德。「以此」，指雖然天道晝夜、寒暑之更迭變化，乃惟恍惟惚，如飄忽般無定狀，但因天道內在剛健中正、誠孚信實之德，恆不改常，故其道能規律有節，復始循環，恆久運行不已，萬物因此莫不知應和貞隨「眾甫之狀」而行。

第二十二章　曲則全

曲則全，枉則直，
窪則盈，敝則新，
少則得，多則惑。
是以聖人抱一爲天下式。
不自見，故明；
不自是，故彰；
不自伐，故有功；
不自矜，故長。
夫唯不爭，故天下莫能與之爭。
古之所謂曲則全者，豈虛言哉？
誠全而歸之。

【解義】

曲則全

「曲」，彎折，屈曲。「全」，周全之意，象徵天道誠孚信實，中正不偏，公平無私，故其德周全，能化成天下萬物。「曲則全」，形容天道之運行，雖然晝夜、寒暑上下變動不居，猶如屈曲之形，然而因具備至誠之德在內，故其道之動進，中正不偏，規律恆常，天下萬物莫不應和之而行。

枉則直

「枉」，彎曲，不直。「直」，正也，行正而有方之意。「枉則直」，形容天道晝夜、寒暑之動進運行，雖然將會上來往來彎曲震盪，但因具備剛健中正之質在內，故其道仍然保持規律循環，恆久無差忒，猶如行而有方。

窪則盈

「窪」，低下，低凹，或虧缺不足。「窪則盈」，形容天道晝夜、寒暑之更迭，乃往來盈虛消息，每當行至豐大盈滿，就會由盛轉虧缺；同樣的，在損極而低下之後，也會因得到益加而逐漸轉盈。

敝則新

「敝」，敝舊，毀壞。「敝則新」，指天道之運行，舊一日、舊季節逝去了，新的一日，新的季節將會繼之而起，於是天道就在這季節新舊更迭當中，往前遞進不已。另外，天道新舊季節規律更迭在上，生長於天地間的各類萬物，也會隨著舊季節的逐漸遯去，而一季季更加成長茁壯。

少則得

「少」，是指少私寡欲而知足之意。「得」，象徵滿足之意。「少則得」，指若能少私寡欲而知足，就會常感富足而不缺。

多則惑

「多」，指多嗜欲之意。「惑」，智疑而心無主見定識。「多則惑」，指若是多私多欲，就會不停地往外追求感官享樂，而內在的明德靈性，也就會逐漸被蒙藏，故「惑」。其實，「多則惑」與《莊子・大宗師》所云：「其嗜欲深者，其天機淺」意思相同。

是以聖人抱一為天下式

「抱一」，原是象徵緊緊貞隨中正天道而行之意，在此是指聖人能效法天道誠正在位之德。「天下式」，指成為天下人民效法的典範。「是以聖人抱一為天下式」，指觀天道中正誠孚在上，萬物皆貞隨之並獲得成長繁榮，於是聖人知法天德作為，將以其誠孚信實，中正不偏，樸而少私寡欲之德，做為天下人民效法的典範。

不自見，故明

不會因個人的私心喜好而囿於己見，能夠站在公平客觀的立場，中正無私以觀，故能觀得既深入又廣遠。

不自是，故彰

不會剛愎自用，自以為是，認為自己聰明有智，而是願意像那「童蒙」般，虛心受教，傾聽不同意見，廣納眾議，故「彰」。

不自伐，故有功

自伐，想佔有成果之意。雖有利益他人之功，卻不居其功，這種無私以利他之德，反而能彰顯其功，故「有功」。

不自矜，故長

不驕矜自貴，不誇耀己能，懂得謙下處後，反而更能得到尊敬，故「長」。

夫唯不爭，故天下莫能與之爭

這個「不爭」，是指天德作為無我無私，中正公平以待天下，雖德澤利益萬物，卻不居其功，雖高位在上，其日照雲雨之德，卻能謙損而利益及下，故猶如具備「不自見」、「不自是」、「不自伐」，以及「不自矜」等諸多「不爭」之善德。

天道無私以利益天下萬物，有功並不居，但萬物莫不感其德澤，皆主動應和貞隨之而行。天道雖「不爭」，無私以利益萬物，反而越得到善應和獲功，其德其功至大，無與倫比，故猶如天下莫能與之爭。

古之所謂曲則全者，豈虛言哉？誠全而歸之

此句意思並非僅如表面所云，指「曲則全」此語，並非虛言，而是實實在在的，最後全都會歸屬於它。若要瞭解這句話的真義，必須先知道其中「虛」與「誠」兩字象，是各代表什麼象徵含意。這個「誠」字，並非當助詞用，它是代表誠孚信實之德；至於前面的「虛」字，則是指誠孚信實之德，雖像是虛而不可見，其德卻是真實而周全。

因此，所謂「古之所謂曲則全者，豈虛言哉？誠全而歸之」，猶如是在詮釋本章首句的「曲則全」，指出天道只是中正誠孚，規律運行在上，然而天下萬物莫不感其德，皆歸附貞隨此誠孚信實之道而行，就像是「誠」者，則全而歸之。

另外，聖人知法天德作為，能夠誠正在位，並以樸而無為之道治天下，天下人民將感其誠正之德，皆樂意歸附而順服其治。至此，乃知誠孚信實、中正無偏私，其德至大而周全，可說是「誠全而歸之」。

第二十三章　希言自然

希言自然。

故飄風不終朝，驟雨不終日。

孰爲此者？天地。

天地尚不能久，而況於人乎？

故從事於道者，道者，同於道；

德者，同於德；

失者，同於失。

同於道者，道亦樂得之；

同於德者，德亦樂得之；

同於失者，失亦樂得之。

信不足焉，有不信焉。

【解義】

希言自然

「希言」，不必言語之意，這是形容天道誠孚於內，中正在位，而毋須任何言語。「自然」，老子書中所謂的「自然」，可以簡單的稱它為「道之法」或「道運作之常則」。至於，為何稱「道之法」乃自然？或「道運作之常則」稱之為自然？這是因為「道」之化育萬物，只是誠孚信實，中正無私，規律運行在上，而萬物則自然的順隨其道而行，並獲得成長繁榮。

換言之，「道」只需以其誠孚信實、中正無私之常德，以輔萬物生長，不必其他特別之施用作為，而萬物則皆自然繁榮，這就是道化育萬物所用的「方法」，或運作之常則。

「希言自然」，指天道自然毋須任何言語，只是信實地規律運行在上，萬物自然應和其中正誠孚之德，並生長繁榮於天地之間。

故飄風不終朝，驟雨不終日

「飄風不終朝」與「驟雨不終日」意思顯明易懂，指暴風、疾雨並不會持續長久，來得突然，去得也快，可說是瞬息變化而難以捉摸。事實上，此二句真正所要表達的象徵含意，是指天地間的風雨雷動，雖然瞬息萬變，但在這紛亂不定的表象下，卻存在著並不改常的律則，那就是天道剛健中正、誠孚信實之德，恆不更易。

孰爲此者？天地

所謂「孰為此者？天地」，是指雖然晝夜、寒暑之更迭，像那飄風驟雨般上下變動不定，但天地之道因為具備剛健中正、誠孚信實之德在內，故其道之動進，仍然保持復始循環，規律恆常，並不會偏離既定常道。

天地尚不能久，而況於人乎

「天地尚不能久」這句話，並非指天地之道不能保持恆久，在此應把它視為是一句假設語：亦即若天地不能具備中正誠孚之德，則像風雨般變動渙散的晝夜、寒暑之道，將無法再保持復始循環，規律恆常。

「而況於人乎」，指天地之道因為具備中正誠孚之德，才能恆久其道，所以，人也應該懂得法天地誠孚信實之德，才能有所立。

故從事於道者，道者，同於道

「從事」，效法、追隨之意。「故從事於道者」，指懂得效法天道中正誠孚之德而為的人。

這個「道者」，也是指一位懂得效法天道中正誠孚之德而為的上位領導者。而「同於道」，則是指天道因為具備中正誠孚之德，而恆久其道，所以，為政在上者若知效法天德作為，做到誠身正己在上，也會同那天道之能恆久般，可以恆守其位。

德者，同於德

這個「德者」，是指一位懂得效法天道無私、德澤利益萬物的上位領導者。而「同於德」，則是指天道無私德澤利益萬物，而萬物皆應和貞隨之，所以，為政在上者若能法天德作為，德澤仁愛天下人民，也會同那天道獲得萬物之貞隨般，人民將順服於上治。

失者，同於失

此句第一個「失」字，含有捨棄之意，引申象徵捨去我私，樸而少私寡欲。而所謂「失者」，是指一位懂得效法天道無我無私之德的上位領導者。

第二個「失」字，是用以象徵天道，這是因為天道能捨去我私，有功而弗居，故其德若「失」之象。而所謂「同於失」，是指為政在上者若知效法天道之無我私，以樸而少私寡欲做為人民效法之典範，也會同那天道能成就至大之德般，民風將走向儉樸而知足，故猶如其德常足而弗失。

同於道者，道亦樂得之

此句與接下來的二句話，可視為是在進一步解釋，何謂「同於道」、「同於德」，與「同於失」之意思。

所謂「同於道者，道亦樂得之」，簡言之，就是指若知同天道而行，將會樂得「同於道」之益，亦即上位領導者做到誠孚有信，中正在位，人民也將誠孚應和貞隨之，故能常保其位。

同於德者，德亦樂得之

指若知法天德普施於眾之作為，將會樂得「同於德」之益，亦即上位領導者若能德澤仁愛人民，人民也將會感其德澤而順服於其治。

同於失者，失亦樂得之

指若知法天道無我私之德，損去其私心嗜欲，反而更可以增益其有，樂得其功，亦即上位者若能樸而少私寡欲，民風將走向儉樸而知足，社會也將因人民的勤儉而變得富裕豐足，故猶如樂得其常足。

信不足焉，有不信焉

為政在上者不知法天道中正誠孚之德，不能誠孚信實，中正在位，德澤仁愛人民，當然也就得不到人民的孚信應和與支持，所謂「信不足焉，有不信焉」。

第二十四章　企者不立

企者不立，跨者不行。
自見者不明，自是者不彰，
自伐者無功，自矜者不長。
其於道也，曰：餘食贅行。
物或惡之，故有道者不處。

【解義】

企者不立，跨者不行

「企」，踮著腳尖，提起足跟。「企者不立」，若是踮著腳尖，就會站立不穩，引申指若自視過高，而好高騖遠，將失之根基不穩。

「跨」，闊步行走之意。「跨者不行」，步伐越是跨得大開，越是行走不快，引申指急功近利，反而無成。

自見者不明

囿於私心喜好，偏重於我私利益之見，無法公平客觀，就易落入偏狹之觀，故「不明」。

自是者不彰

自恃聰明，自以為是，不願意傾聽或採納他人意見，就容易落入剛愎自用，故「不彰」。

自伐者無功

行事之所以「有功」，是因為有利他之功。因此雖有成事之功，卻是伐其善而占其成果，這時也就不存在「利他」之功，所謂「自伐者無功」。

自矜者不長

矜貴自誇，驕傲自大，不懂得謙下不爭，反而得不到尊敬，所謂「自矜者不長」。

其於道也，曰：餘食贅行

「餘食」，殘羹剩飯。「贅行」，多餘、沒有用處的行為。善為道之士，少其私，寡其欲，謙退不爭，能夠有餘以利他，不會汲汲營營於名利，也不會貪求聲色嗜欲等感官享受，因為這些若比之於為道，都會像是餘食贅行般，皆可丟棄。

物或惡之，故有道者不處

「或」，二者擇一之象。「惡」，這一個惡字同時包含兩種意思：一是指人之所惡；另一指天之所惡。至於何謂「人之所惡」？乃惡居低下，惡在人之後，也厭惡寡少而不足。何謂「天之所惡」？天道是惡無法保持損益盈虛，中道平衡。因此，所謂「物或惡之」，指人若是貪求無已，不知滿足，或是驕矜自滿，將不合於道，而這些貪欲和自滿，應該視它如餘食贅行之物般丟棄掉。

「故有道者不處」，指既然多貪欲與驕矜自滿是屬於「不道」，相對於「有道者」能有餘以奉天下，對於這些自見、自是、自伐、自誇等作為，均是有道者所不處。

第二十五章　有物混成

有物混成，先天地生，
寂兮寥兮，獨立而不改，
周行而不殆，可以爲天下母。
吾不知其名，字之曰道，強爲之名曰大。
大曰逝，逝曰遠，遠曰反。
故道大，天大，地大，王亦大。
域中有四大，而王居其一焉。
人法地，地法天，天法道，道法自然。

【解義】

有物混成

這個「混」，與第十五章「混兮其若濁」的混意思相同，是形容道乃玄深奧妙，混沌難識，只能藉由其始生天地，變化晝夜四時，以及生長萬物，來窺視其德。「成」，成就之意，也就是具備成就天地與萬物之德。

「有物混成」，指道之為物，雖奧妙難知，但是其德卻至大，能始生天地，變化日月、四時之道，以及生長成就萬物，可以說是天地萬物之母。

先天地生

道能始生天地，是先天地創生，是自無始以來就既存。

寂兮寥兮

「寥」，本義作空虛解。「寂兮寥兮」，形容道之德乃生生不已，雖然生出宇宙萬物，其本體卻猶如一直保持寂然虛空般，並不會因外在的生生變化而受改變。

獨立而不改

這個為宇宙之本體的道，是自無始以來就恆存，猶如獨立而不改移。

周行而不殆

道或玄德乃生生變化，周流六虛，亨通流行一切處，其變化動進之道，周而復始，恆久運行而不殆。

可以爲天下母

道能始生天地，變化晝夜和四時，生長化育天下萬物，乃為宇宙萬物之母。

吾不知其名，字之曰道，強爲之名曰大

因為道乃玄深奧妙，不可形容其名狀，故只能勉強以「道」來稱呼之。又，因為天地與萬物皆由道所變化生出，其德可說至大，故亦可用「大」來象徵或稱呼道。《易經・乾卦》彖傳云：「大哉乾元，萬物資始，乃統天。」其中「大哉乾元」的大，與這裡的「大」，實是同一所指，皆是形容道其德乃至大。

大曰逝

上一句的「大」，是做為「道」之象徵，同時也用來形容道之德至大。而本句的這一個「大」，雖然也是指道，不過已從「無名之道」，變成為「有名」的晝夜、寒暑運行之道了。「逝」，遯退逝去之意。雖然「道」乃生生善長不已，但在這生生變化當中，其間則同時包含損益盈虛，往來消息之德。

因此，所謂「大曰逝」，是指由「道」所生成的乾天晝夜、寒暑運行之道，季節春夏秋冬不斷地更迭變化，而隨著天道之動進，舊的一日、舊的季節，將會逐漸遯退逝去。

逝曰遠

「遠」，源遠流長之意。「逝曰遠」，指天道之動進，新舊季節將會不斷交替更迭，而就在這舊季節逐漸逝去，以及新季節接之繼起的過程中，天道則猶如生生不已般，渙廣流行，源遠流長，無有止盡時。

遠曰反

「反」，這個「反」含有二種意思：一指天道之運行，乃周而復始，反復循環不已；另一指天德利益萬物，萬物皆應和這條源遠流長的至大天道而行，猶如天道獲得萬物的反饋。「遠曰反」，指天道之運行，源遠流長，復始循環不已，而隨著四時季節之遞進，其間將伴隨著日照雲雨之德，利益天下萬物，萬物莫無不貞隨天道而行，至此乃知天德至大、至廣遠。

故道大，天大，地大，王亦大

「道大」，指道或玄德亨通流行，周遍於一切處，猶如體至大。

「天大」，指玄德所始生的乾天之道，晝夜、寒暑規律往來，其日照雲雨之施益，德澤頤養天下萬物，猶如德至大。

「地大」，指坤地因知順承乾天，使得含藏之玄德獲得發揮，並蓄積成博厚，承載生長萬物無窮，猶如深厚廣大。

「王」，這一個「王」，指的是聖人之治而王道天下之意。「王亦大」指為政在上者，觀地道因知順承中正乾天，而成就博厚廣大，頤養承載萬物無窮，於是也懂得效法地之知順天道而為，能夠誠正在位，樸而無我私，人民將上觀而順服其治，故可以為「天下王」，即所謂的王道天下也。

域中有四大，而王居其一焉

此句表面是指寰宇間有道、天、地、王這四大，而王居其中之一。事實上，這個「王居其一」另有其象徵含意，它與第二十二章的「聖人抱一為天下式」的抱一，可說是同一象徵含意，皆指聖人乃道法自然，能夠誠身正己，居位在中，並以樸而無為之德當治道，人民將上觀其誠正之德並順服其治，終獲得王道天下之功也。

人法地，地法天，天法道，道法自然

「人法地」，指為政在上者效法地道之知順承中正天道，將以誠正之德治天下，而成聖人之治。另外，這個「人」字，指的是為政在上者，同時也是承襲前面的「王」而來，至於為何會有前「王」而此「人」不同稱名，這是用以表達為政在上者若能內修聖人之德，外則可以王天下也。

「地法天」，指地道因知順承天道而行，故能成就博厚廣大。

「天法道」，指乾天之德就是道或玄德的呈現，即乾天之道即是「道」之意。

「道法自然」，此句不要把它當做是「天法道」之意思的再延伸，認為這個自無始以來就既存的「道」，還有一個更上、更高的「自然」，是它所效法的對象。事實上，「天法道」的道，與這一個「道法自然」的道，二者所代表的意思已不相同。

前一個道指的是「無名之道」，而後一個道則是指「聖人之道」，即那一個清靜守常、樸而無為的「治道」。

也就是說，所謂「道法自然」，是指為政在上者應如何法天道自然以治天下，即如何成「道之器用」，而為天下長。因為「道」之化育萬物，只是以其中正誠孚之常道引領萬物生長，不必其他施用作為，萬物自然地順從其道而行。因此，為政在上者懂得效法天道自然之理，能誠身修己，正位在上，以做為人民效法的榜樣，人民則可以自由發揮，無限的創造，整個國家社會自然而然會走向和諧次序。

第二十六章　重為輕根

重爲輕根，靜爲躁君。
是以聖人終日行不離輜重。
雖有榮觀，燕處超然。
奈何萬乘之主，而以身輕天下？
輕則失本，躁則失君。

【解義】

重爲輕根，靜爲躁君

這句話主要是在表達本末之義，亦即重是根、是本，靜是君、是主，而輕與躁則猶如末，內在之根本必須有所立，然後其德、其功才能透而向外。

所謂「重為輕根」，可以簡單的理解為重是在下，而輕在上，所以重就好像是輕之根本。事實上，「重」在此是象徵聖人以內在修德為重，而外在的物欲享受，則猶如是「輕」。

「靜」，歸止向內，含有清靜守常之意。「躁」，躁動妄為，在本章引申指人民無法安居樂業之意。「靜為躁君」，表面意指「靜」就像是守於內的君或主，而「躁」則像是動而向外的客或臣，為君者則可以為主帶領臣。事實上，所謂「靜為躁君」，是指為政在上者當法聖人清靜守常之治道，讓人民可以安居樂業，不會流離失所。

是以聖人終日行不離輜重

「輜重」，原指車子所乘載的行李，在此象徵不可離身的貴重之物。「是以聖人終日行不離輜重」，所謂聖人不可須臾離的輜重，乃誠身修己、樸而少私寡欲之德，同時這也是聖人所當務之「根本」，而本必須有所立，然後治道才能有成於天下。

雖有榮觀，燕處超然

「榮觀」，榮華富麗的宮殿。「燕處」，燕子是候鳥，會隨季節而遷居，所以「燕處」是指隨時可以捨之離去之意。「超然」，不受外物所羈絆，而能超脫物欲之外。「雖有榮觀，燕處超然」，雖然住的是富麗堂皇的宮殿，吃的是豐盛的山珍海味，但是這些名利與享樂，榮華和富貴，皆身外之物，相對於誠身正己重修德，就像是「末」般，隨時可以捨棄。

奈何萬乘之主，而以身輕天下

一國之君主若不能誠身修己，正位在上，以做為人民表率，這就是失「本」，就是離開了「輜重」，未來也將無法治理好天下，是即所謂「以身輕天下」。

輕則失本，躁則失君

「輕則失本」，此句的「輕」是指上位者不能誠身修己，超脫物欲的羈絆，反而是耽湎於逸樂享受，醉心於富貴榮華，這同時也稱之為「失本」。

這個「躁」是清靜守常的相反，象徵不斷地擾民傷財，人民無法安居樂業。「躁則失君」，指為政在上者若不能以清靜守常治天下，就會像是丟棄了清靜之本而就躁，而人民一旦無法安居樂業，天下將不得治，同時也猶如將失去君主之位也。

第二十七章　善行無轍跡

善行無轍跡，善言無瑕謫，善數不用籌策，
善閉無關楗而不可開，善結無繩約而不可解。
是以聖人常善救人，故無棄人；
常善救物，故無棄物。
是謂襲明。
故善人者，不善人之師；
不善人者，善人之資。
不貴其師，不愛其資，雖智大迷。
是謂要妙。

【解義】

善行無轍跡

此句若僅就字面解釋，是指善於行車，不會留下可被追縱的車輪痕跡。其實，「善行無轍跡」所象徵，是形容晝夜、寒暑之更迭運行，其道乃上下震盪，變動不居，猶如沒有可被追縱的固定軌跡。

善言無瑕謫

「謫」，挑剔，指摘。善說話者，所講的內容真實不欺，故不會有任何瑕疵或毛病可被挑剔。「善言無瑕謫」，形容天道之運行，規律有節，信而有徵，故萬物莫不應和貞隨這條誠孚信實大道而行。

善數不用籌策

善於計數的人，不用借助籌碼的輔助，也能準確計算。「善數不用籌策」，形容天道四時之運行，循著既定軌道，春夏秋冬一季接著一季，恆久運行永無差忒，就像是具備「善數」之德般。

善閉無關楗而不可開

「楗」，鎖門的木門。最善的閉鎖，是連啟開的關楗位在何處都無法找到。「善閉無關楗而不可開」，形容天道之運行，剛健不息，往進不已，不曾一刻停滯懈怠，其德就像是找不到任何斷鍵處。

善結無繩約而不可解

最緊密牢靠的繩結，是結的纏束處位在哪裡，都無法找到。「善結無繩約而不可解」，形容天道之運行，春夏秋冬年復一復年，往復循環不已，其德就像是在這一環又一環的連結當中，找不到任何可解開處。

是以聖人常善救人，故無棄人；常善救物，故無棄物

「聖人」之德即天德，聖人或天德公平無私以待萬物，不管是對人或萬物，皆不會有美或惡、善或不善之分別，能仁愛所有人民，以及德澤普施天下萬物。因此，「常善救人」，不會遺棄任何一個人；「常善救物」，不會遺漏任何對象。

是謂襲明

「襲」，襲受，即承受其德澤利益之意。「明」，象徵天德像是光明普照般，施益及下。「襲明」，象徵天德乃周遍「大有」一切處，亦像那光明之普照般，各類萬物莫不普受天德之利益。

至於，為何本章要以「襲明」做為從「善行無轍跡」，到「故無棄物」等諸句的結語？這是取襲明之象徵，以形容天德的周全圓滿，如光明之普照般，無任何的缺漏處，不但所生成的晝夜、寒暑之道，亨通流行無任何差忒，日照雲雨更能公平普施，各類萬物皆襲受其德澤。

《易經・大有卦》卦象上離明下乾天，有離日高懸天上，光明普照之成象。而大有卦辭曰：「元亨」，意思是指元德亨通流行於一切處，於是有四時規律之道的生成，以及萬物普受天德利益而繁榮亨通。大有卦辭「元亨」之象，實與「襲明」意思相通。

故善人者，不善人之師；不善人者，善人之資

這兩句話主要是在表達相因相成、互為因果之義。所謂「善人」與「不善人」，不必狹隘的解釋成善良和惡劣之人，可以廣其義指有才能與能力較差的兩種人。

「善人者，不善人之師」，指有能力的人，要多幫助或教導能力不佳者，所以就好像是其「師」。至於，所謂「不善人者，善人之資」，意指「善人」之所以有善德，是基於他能協助「不善」之人，倘若善者棄不善者於不顧，則善者也就無任何可稱善處，這時便無法再被稱為「善人」了。所以，這種「善人」與「不善人」彼此之間所形成的「相因相成」之關係，就是為何稱「不善人」者，為「善人」者之資之理。

再舉〈大有卦〉為例，由於天德乃亨通流行於一切處，各類萬物皆普受其德澤，這時若站在萬物的立場而觀，天德是周遍而「大有」一切處。相對地，萬物因為普受天德利益而生長繁榮，所以，萬物莫不主動貞隨天道而行，此時若站在天道的立場而觀，猶如是天道能夠「大有」天下萬物般。其實〈大有卦〉之象義，與「不善人者，善人之資」其旨相通。

不貴其師，不愛其資，雖智大迷

這一個「師」含有尊貴、尊長之意。「不貴其師」，指不會自恃尊貴在人之上，而是懂得謙讓不爭。

這一個「資」含有財貨之意。「不愛其資」，指不會貪愛財貨之利，而是能少私寡欲，儉樸自持。

「迷」，含有愚之意思。「雖智大迷」，指為政在上者最重要的是能誠正在位，以樸而無為治天下，倘若欲逞其「聰明巧智」，而欲以「有為」治天下，雖然看似有智，實則卻是愚而大迷。

是謂要妙

所謂「要妙」，是指「善為道」者掌握道之奧妙所在。即身為上位者若善為道，做到符合上述三種德性：懂得謙讓不爭，樸而少私寡欲，以及誠正在位，用此無為而治之要妙，以臨天下萬民，人民將感其德，並皆樂意順服其治。

第二十八章　知其雄守其雌

知其雄，守其雌，爲天下谿。
爲天下谿，常德不離，復歸於嬰兒。
知其白，守其黑，爲天下式。
爲天下式，常德不忒，復歸於無極。
知其榮，守其辱，爲天下谷。
爲天下谷，常德乃足，復歸於樸。
樸散則爲器，聖人用之，則爲官長。
故大制不割。

【解義】

知其雄，守其雌，爲天下谿

「雄」，含有雄健之意，象徵乾天剛健。「雌」，相對於雄，這個雌是象徵有柔順貞隨之德的坤地之道。「知其雄，守其雌」，指乾天剛健中正運行在上，而具備柔順利貞之德的地道，懂得順承剛健天道而行，亦即地道知效法天道之意。

「谿」，山谷，兩山間低窪處，取其匯集蓄聚之象。「為天下谿」，指坤地因知恆順承天道之動而動，做到如完全契合般，終蓄積成博厚廣大，承載天下萬物無窮。

爲天下谿，常德不離，復歸於嬰兒

「常德不離」與「復歸於嬰兒」是在解釋地道為何能蓄積成博厚廣大，即為何成就「為天下谿」之功。

所謂「常德不離」，是指地道能緊緊貞隨上乾天剛健動進之腳步，就像是擁有「不離」乾天之「常德」。

「嬰兒」，嬰兒性純無雜疵，生機充滿而體至柔，這裡是用來象徵玄德的純粹精。「復歸於嬰兒」，表面是指復歸到如嬰兒般性純無雜疵之狀態，也就是「復歸其元」。實則是指坤地雖有元德，仍含藏在內，但因地道知貞隨天道而行，使得內在元德獲得發揮，就像是玄元之德得以復現滋長，故取「復歸於嬰兒」以象之。

知其白，守其黑，為天下式

「白」在此象徵白晝，而「黑」則象徵黑夜。因此，所謂「知其白，守其黑」，是指有白天就會有黑夜，而晝夜之道乃一出一入、一往一來，出入往來對等平衡。「式」，法則，效法。「為天下式」，指這條晝夜往來規律之道，是天下萬物所貞隨的對象，萬物皆依循晝夜規律常道而生長作息。

為天下式，常德不忒，復歸於無極

此句在解釋為何這條晝夜規律更迭之常道，會成為天下萬物所貞隨的對象，即能夠「為天下式」？這是因為此道具備「常德不忒」與「復歸於無極」二德。

所謂「常德不忒」，是指晝夜之更迭變化，出入、往來對等平衡，猶如保持著規律更迭、恆久無差忒之「常德」。

「復歸於無極」，指由晝夜往來所形成的四時規律常道，春夏秋冬復始循環，恆久運行，就像是永無終極。

知其榮，守其辱，爲天下谷

「榮」，尊貴、榮耀，象徵位居尊榮之位。「辱」，屈辱也、失也、少也，引申象徵謙卑居下，以及少私寡欲。「谷」，兩山間之窪地，能匯集各方之水流，這裡是象徵天下人民，將像那川流集聚於窪谷般，順服於上治。

「知其榮，守其辱，為天下谷」，指為政在上者雖然身居尊貴之位，卻能保持謙卑守常不爭，樸而少私寡欲之德，而這種誠身修己之德，足可做為人民效法榜樣，四方人民將上觀而效仿之，並順服其治。

爲天下谷，常德乃足，復歸於樸

此句意在進一步解釋前句話，指為政在上者之所以獲得四方人民的歸附順從，即擁有「為天下谷」之功，這是因為上位者「常德乃足」，所以人民亦將「復歸於樸」。

「常德乃足」，指上位者若做到謙下不爭，少其私，寡其欲，則此樸而不爭之「常德」，乃最為具足，並足為天下人民所觀瞻。

「樸」，這個樸之象，除了用以代表上位者樸而少私寡欲之德外，同時含有人民將歸於敦厚純樸之意。因此，所謂「復歸於樸」，指為政在上者誠正在位，樸而少私寡欲，人民上觀皆效法順從之，民風將歸復於善良純樸。

樸散則爲器，聖人用之，則爲官長

「散」，指其影響力將向外擴散出去之意。「器」，成器用之意。「樸散則為器」，指雖然只是做到誠正在位，樸而少私寡欲，並沒有功大而名顯，其作為亦猶如小而微，然而卻可以成為天下人民效法榜樣，是實實在在的可成「器用」之功。

「聖人用之，則為官長」，指聖人誠正在位，樸而少私寡欲，用此「誠正之樸」做為治道，則其功至大，可成為一國之「官長」。

故大制不割

「制」，指治理天下的法度。「割」，宰制，即主導或限制人民的思想與行為之意。「故大制不割」，指最高、最上的治道，是知法中正天道之作為，上位者應以其誠身正己，樸而少私寡欲之德，做為人民的表率，人民上觀而效法順從之，民風自然會導向純樸良善，而非藉由諸多律法和手段，強使人民就範服從。

第二十九章　將欲取天下而為之

將欲取天下而爲之，吾見其不得已。

天下神器，不可爲也。

爲者敗之，執者失之。

故物或行或隨，或歔或吹，

或強或羸，或載或隳。

是以聖人去甚，去奢，去泰。

【解義】

將欲取天下而爲之，吾見其不得已

「取天下」，指治理天下之意。「為之」，相較於「無為」，這個「為之」，意指有為之治，即欲藉由巧智聰明與諸多律法手段，以使人民順從。

「不得已」，因為「已」有止意，故所謂「不得已」，指若是「為之」，將見不到其成功之日的出現，亦即若是「有為」，則將不可為也。

「將欲取天下而為之，吾見其不得已」，指欲達到治理天下之目的，為政在上者當做到誠身正己在位，以清靜無為治天下，倘若不如此為之，而是欲利用諸多律法等手段，迫使人民順從，將永遠見不到天下得治之時。

天下神器，不可爲也

「神器」，「神」是指神妙難知，而「器」是指器用，故「神器」者，能成神妙之器用之意。「不可為」，意思與「為之」相反，也就是等於「無為」也。「天下神器，不可為也」，指「無為」之德，就像是天下之神器般，即「無為」之德乃至神妙，能成為治天下之器用。

爲者敗之，執者失之

「為」，這個為是指「有為」之意，即藉由許多律法和規範等手段，要求人民必須順從。「為者敗之」，指若想利用一些巧智聰明，或嚴刑峻法等手段來管理人民，強使人民順從，最後將走向失敗。

「執」，執持之意，這裡是指有好惡偏私之執取。「執者失之」，這是取若執此端，則失彼端，以形容上位者若不能誠正在位，公平無私，而是有個人我私之好惡，則其治理天下，就會像是執了此端，卻有彼端之失這樣的下場。

故物或行或隨，或歔或吹，或強或羸，或載或隳

「或行或隨」，有行之在前，也有隨之在後。「或歔或吹」，「歔」是哈出熱氣，「吹」是呼出寒氣。「或強或羸」，有強壯，也有羸弱。「或載或隳」，指厚實者有能力承載，薄弱者則容易毀損隳壞。

這幾句話意在表達雖然是同一件事物，卻同時存在不同對立，就像是每個人各有其不同立場、好惡。例如，有人喜歡熱，有人偏好冷，有人主動積極，有人則只會附和隨從。因此，為政在上者若是有我私、好惡，無法中正無私，則人民就會或有不服，這是因雖已顧及於此，卻可能失之於彼，於是不平之鳴也將因此而生。

是以聖人去甚，去奢，去泰

「甚」，極端、過分，象徵採用嚴刑峻法等極端手段。「奢」，奢侈。「泰」，驕泰。為何聖人要去甚、去奢、去泰？這是因為捨去甚、奢與泰，才能趨向樸而無我私，並以清靜無為治天下。而當為政在上者做到誠身正己，樸而少私寡欲，捨去個人我私與逸樂享受，並以清靜守常治天下，這時猶如無任何此端之執持，則做為在下人民的彼端也就不失，自然地會走向純樸知足而得治。

第三十章　以道佐人主者

以道佐人主者，不以兵強天下，其事好還。師之所處，荊棘生焉。大軍之後，必有凶年。善者果而已，不敢以取強。果而勿矜，果而勿伐，果而勿驕，果而不得已，果而勿強。物壯則老，是謂不道，不道早已。

【解義】

以道佐人主者，不以兵強天下，其事好還

以道輔佐君主治理國家的人，知道不可倚恃國家軍力強盛，而隨意發動戰爭，因為他瞭解到，不管戰勝或戰敗，都得付出極大代價，輕者勞民傷財，重者甚至走向亡國。

師之所處，荊棘生焉。大軍之後，必有凶年

軍隊所過處，村舍破壞變成廢墟，田園荒蕪，荊棘雜草叢生。戰爭過後，接著便是饑荒連年，民生凋敝，人民流離失所。

善者果而已

「善」，最上之意。「果」，這個「果」除了可理解為結果或目的之外，在此還同時含有多重意思。例如，接下來的幾句果而勿矜、果而勿伐、果而勿驕、果而不得已、果而勿強等，都是果所要表達的象徵意涵。

「果」若理解為結果或目的，「善者果而已」此句，意指在戰事發動後，一旦達到守國衛民，或取勝對方的目的，就應讓戰事盡快落幕，不可一再拖延，否則國力將日損。

事實上，「果」所代表的更深刻象徵意涵，是從開始的作戰計畫，到戰略布署，再到行軍作戰等各階段，皆被包含在內。舉《孫子兵法》諸篇為例。

〈始計篇〉云：「夫未戰而廟算勝者，得算多也。」所謂「廟算」是指作戰前，針對彼此戰力的評估，而必須先掌握勝算，然後才有戰事之發動，這就是一種「果而已」。

〈作戰篇〉云：「其用戰也貴勝，久則鈍兵挫銳。」亦云：「故兵聞拙速，未睹巧之久也。」作戰講究速戰速決，求其在最短時間內取得戰果，這是一種「果而已」。

〈謀攻篇〉云：「凡用兵之法，全國為上，破國次之；全軍為上，破軍次之。」亦云：「不戰而屈人之兵，善之善者也。」若做到「不戰而屈人之兵」，而能「全軍」、「全國」，這也是一種「果而已」。

不敢以取強

此句同時含有兩種意思：一指不敢自恃強大，而輕啟戰爭，侵犯他國；一是指當兩軍對峙，在沒有勝算之前，絕不會冒然躁進，而以弱攖強。

果而勿矜

「矜」，形容自大、自滿。「果而勿矜」，指不可自恃強大而輕敵，認為敵人戰力必不如我，與敵人戰必能取勝，而是必須知己知彼，瞭解敵我戰力優劣所在，才能百戰不殆。

果而勿伐

「伐」，侵伐之意。「果而勿伐」，指若出兵攻擊的機會還沒有出現，就該耐心等待，不可急於取功。《孫子兵法．形篇》云：「昔之善戰者，先為不可勝，以待敵之可勝。」所謂「以待敵之可勝」，就是要等待勝敵的機會出現，也是等於「果而勿伐」也。

果而勿驕

「驕」，驕傲之意。「果而勿驕」，指不可驕傲輕敵，失去警戒之心，認為敵人不會來犯，縱使來攻，對方也無法取勝。正確的用兵之法，是「無恃敵之不來，恃吾有以待也；無恃敵之不攻，恃吾有所不可攻也」。

果而不得已

此句意指戰爭的發動，乃迫於不得已，是基於為了要保國衛民，守護疆土。

果而勿強

此句意指不可恃強凌弱，欲以強大的武力，侵略他國。

物壯則老，是謂不道，不道早已

「老」，象徵逐漸走向衰弱之意。「物壯則老」，這是取象物一旦生長到了壯盛，接著就會逐漸走向衰弱，以引申不可窮兵黷武，因為一國之軍事武力若越強盛壯大，就越耗損民財和人力，而國力也將因軍備的擴增而易走向衰敗，故「老」。

「是謂不道」，順道以治國，人民能夠安居樂業，不會流離失所，而好戰之國，則是反其道而行，是謂「不道」。

「不道早已」，指一個國家若窮兵黷武，征戰連年的結果，人民將無法獲得休養生息，未來整個國家就會一步步走向衰亡。

《易經・復卦》上六爻辭曰：「迷復，凶，有災眚，用行師，終有大敗，以其國君凶，至于十年不克征。」小象曰：「迷復之凶，反君道也。」復卦上六爻象是指身為一國之君若用「迷復」之道治國，窮兵黷武，行師征伐不已，人民在得不到休復頤養之情況下，縱使國家根基深厚，長此以往，下場終將大敗。而所謂「迷復之凶，反君道也」，意思則與「不道早已」相通。

第三十一章　夫佳兵者不祥之器

夫佳兵者不祥之器，物或惡之，故有道者不處。

君子居則貴左，用兵則貴右。

兵者不祥之器，非君子之器，不得已而用之，恬淡爲上。

勝而不美，而美之者，是樂殺人。

夫樂殺人者，則不可得志於天下矣。

吉事尚左，凶事尚右；

偏將軍居左，上將軍居右，言以喪禮處之。

殺人之眾，以悲哀泣之；戰勝，以喪禮處之。

【解義】

夫佳兵者不祥之器，物或惡之，故有道者不處

「佳兵」，精良的武器，亦可引申指戰爭之意。「夫佳兵者不祥之器」，指武器越精良，功能越強大，就表示殺人越容易也越眾，所以精良的武器，其實是一種不祥之器。

「或」，二擇一之謂。由於物有生、死二道，生與死本應順乎自然，兩相平衡，這才是「有道」。因此，所謂「物或惡之」，意指若一直側重於「死」的這一端，即因戰爭殺戮的關係，導致生命尚未自然的走到盡頭，就中途夭折而亡，這時生與死之間已失去和諧平衡，這是天之所惡，也是「不道」。

「有道者不處」，有道者乃有餘以奉天下，能利益德澤天下人民，至於殺之、害之，則是「不道」，故「佳兵」之殺伐太過，是「有道者不處」。

君子居則貴左，用兵則貴右

「左」，象徵守常向內。「右」，相較於左，象徵積極向外之意。「君子居則貴左」，君子乃順道而為，淡泊守常，不會窮兵黷武，所以這裡就取「居則貴左」之象，以形容其德。「用兵則貴右」，軍爭之事，無不積極主動，以掌控戰場優勢，這裡則取「貴右」之象，以形容其德。

兵者不祥之器，非君子之器，不得已而用之，恬淡爲上

「恬淡」，淡泊守常，與積極進取意思相反，這裡是用以象徵啟動戰爭，並非企圖侵略或占領他國以奪取土地和利益，而是為保國衛民，守護疆土。「兵者」，戰爭也！而戰爭殺伐，將傷害無數生命，使生靈塗炭，故為不祥之器，也非君子所從事。然而，若是為了保國衛民，守護疆土，不得已，只好被動地走向戰場，與敵應戰，所謂「不得已而用之，恬淡為上」。

勝而不美，而美之者，是樂殺人

「勝而不美」，指雙方交戰，即使是戰勝的一方，也會因過程中造成人員的傷亡，以及財物的損失，而付出極高代價，所以其事「不美」。

既知戰爭之事，將會造成人員傷亡和財物損失，人民也會流離失所，卻又無視其禍害，而執意為之，這種人稱之為「樂殺人」者。

夫樂殺人者，則不可得志於天下矣

「志」，指志應或認同之意。好戰者，動輒以武力軍事侵略或威嚇他國，不曾考慮到戰爭將會對人民造成巨大傷害，所以是「樂殺人」者。而「樂殺人」者，是不會得到天下人的認同的，人們皆厭惡和唾棄之，故「不可得志於天下矣」。

吉事尚左，凶事尚右

「左」，此句的左除象徵淡泊守常，同時含有能安其居之意。「吉事尚左」，可視為是何謂「尚左」之定義，即尚左者，吉事也。而所謂「吉事」者，乃國家太平而無戰事，人民能夠安其居，樂其業，生活富足安定。

「右」，象徵積極向外求，同時含有干犯侵略之意。「凶事尚右」，尚右者，代表凶事也，而之所以稱「凶事」，是因為發動戰爭企圖侵略他國，將使人民因戰爭殺伐而流離失所，生命遭受極大痛苦。

偏將軍居左，上將軍居右，言以喪禮處之

「偏」，有不正之意。「將軍」，代表帶兵打仗。「居左」，因左有守常意，所以這個「守常」若用之於戰事，表示無法主導戰場，而是被動的屈居劣勢。因此，所

謂「偏將軍居左」，意指戰敗的一方。

「上」，位居上方優勢。「右」，象徵取得主動之控制權。「上將軍居右」，相對於「偏將軍居左」，這是指戰勝而居處優勢一方。

「言以喪禮處之」，指不管是戰敗或戰勝的偏將軍和上將軍，只要是經過戰爭殺戮，任何一方皆會造成傷亡，所以說雙方最後都會以「喪禮處之」。

殺人之眾，以悲哀泣之；戰勝，以喪禮處之

「殺人之眾」，用來形容「偏將軍」戰敗的一方，會是傷亡慘重，乃至喪疆失土，因此下場將「以悲哀泣之」。

至於「上將軍」勝利的一方，雖然「戰勝」，但同樣也會造成人員傷亡與財物損失，因此所得到的，也是「以喪禮處之」的結果。

第三十二章　道常無名

道常無名，

樸雖小，天下莫能臣也。

侯王若能守之，萬物將自賓。

天地相合，以降甘露，民莫之令而自均。

始制有名，名亦既有，夫亦將知止。

知止可以不殆。

譬道之在天下，猶川谷之於江海。

【解義】

道常無名

「常」，規律恆常之意，即指由「道」所生出的晝夜、寒暑之道，其動進變化運行，乃規律恆常。「無名」，指「道」乃無形狀，無物相，猶如虛空般隱而不可見，其德則玄深奧妙，故無法稱其名。

樸雖小，天下莫能臣也

「樸」，指少私寡欲，儉樸守常之意。「樸雖小」，形容樸而少私寡欲，清靜守常之德，若相較於功大與作為，會像是「格局甚小」。

「臣」，臣服之意。「天下莫能臣」，指為政在上者以清靜守常，樸而無為做治道，雖然看似格局甚小，但人民卻因此得以安居樂業，國家社會也將走向和諧安康，四方人民則皆樂意來歸附之，其功可說是至大，故「天下莫能臣」。

侯王若能守之，萬物將自賓

「侯王若能守之」，所謂「守之」是指守住「道之常」，而身為上位領導者的侯王，知法「道之常」，能夠誠正在位，並以清靜守常，樸而無為當治道。

「賓」，歸附、順從意。「萬物將自賓」，若僅就字面意思是指萬物皆主動應和順隨天道規律之序而行。然而，由於句前是取「侯王」之象，後面理當對應「臣」或「人民」才是，為何會稱「萬物」？其實這是隱喻「侯王」當知法「道之常」，而以清靜守常，樸而無為當治道，人民將順服於上治，就像那萬物賓服於中正天道般。

天地相合，以降甘露，民莫之令而自均

「天地相合」，是指天地剛柔相交泰。而「以降甘露」，是指天地交泰而有雷雨之施作，萬物則普受雲行雨施之德澤而茁壯繁榮。

「民」，對於這個民字的出現，理該稱萬物才是，因為前面有天降甘露之象，而之所以稱「民」，理由同上，是隱喻為侯王須知法「道之常」。「自均」，含有德澤均勻普施，以及人民均勻繁榮發展這兩種意思。

「民莫之令而自均」，此句有兩層含意：一是指侯王知法「道之常」，做到如「甘露」之普降般，德澤均勻普施天下所有人民；另一是指侯王若知以樸而無為當治道，人民自然會各安其位，各自繁榮發展。

始制有名，名亦既有，夫亦將知止

「制」，法度，即可被依循的律則之意。而天地這條規律常道，就像是可供萬物依循的律則。「始制有名」，指道始生了天地這條規律常道，是稱「始制」；同時也由原本的道常之「無名」，開始稱「有名」。

「名亦既有」，指從「道常無名」，變成「始制有名」，即道開始有四時規律常道之稱名。

「夫亦將知止」，指一旦有了這條四時規律常道，萬物之生長將有所「歸止」，即萬物將依循四時常道而生長作息。

知止可以不殆

這一個「知止」，與前句的「知止」意思不同，上一句是指萬物懂得「依止」四時常道而生長作息，這裡則是指這條四時常道乃終始循環，其道運行猶如「知止」般。因此，所謂「知止可以不殆」，指天道四時之運行，春夏秋冬終始循環，待至冬天止盡終了，又會見到春生復始，其道猶如行於所當行，止於所當止，也因此四時常道可以恆久運行而「不殆」。

譬道之在天下，猶川谷之於江海

所謂「譬道之在天下」，意思除指那條四時規律常道，將中正誠孚運行在天下之外，還同時隱喻聖人法「道之常」，將以樸而無為之道治天下。

「猶川谷之于江海」，指四時常道，規律運行在上，萬物則猶如川流注於江海般，皆主動貞隨之而行。同樣地，聖人之道乃法道之常，將以樸而無為之道治天下，天下萬民也將像那山谷川流自然地歸向江海般，皆順服其治。

第三十三章　知人者智

知人者智，自知者明。
勝人者有力，自勝者強。
知足者富。
強行者有志。
不失其所者久。
死而不亡者壽。

【解義】

知人者智，自知者明

「知人者智」，知道是與非，能辨別賢或不肖，具備對外之判斷能力者，是稱有智。

「自知者明」，這是指內省的功夫，即能隨時檢視自己的起心動念，明白自己的私心嗜欲，並使心能誠，意可正，讓內在明德得以發揚，是謂之有「自知之明」。《大學》云：「帝典曰：『克明峻德。』皆自明也。」所謂「皆自明也」，等於「自知者明」也。

勝人者有力，自勝者強

「勝人者有力」，體魄氣力能贏過別人的，是稱有勇力。「自勝者強」，能夠自強不息，日新進步，進德修業不已，才是一位真正的強者。

知足者富

「知足者富」，懂得去其私心，寡其嗜欲，不被名利欲望所束縛，則心中將常感富足。

強行者有志

「強行」，敢於篤行實踐之意。人心中雖有志，倘若不能見諸於實踐，就會流於一番空想。因此，惟有志與行合一，敢於篤行實踐心中之志，不會畏懼任何困境和阻礙，才是一位真正的有志者。

不失其所者久

「所」，猶「位」也，即身所處之位置。「不失其所者久」，指懂得體察時變，順隨外在環境變化之宜而調整其進退出處，故能與時俱進，不會被時代潮流所淘汰，而久於其位。

《易經・恆卦》九二爻辭曰：「九二悔亡，能久中也。」「悔亡」，是指懂得順勢而為，偕時俱進，不會失之時遲，故其悔得以消亡。「能久中」，指因為做到偕時而行，故不管處任何時位，皆合於中道而不偏，亦即能恆久於時位之中。九二爻辭之象，實與「不失其所者久」意思相通。

死而不亡者壽

這一個「死」，是象徵遭遇到禍患或災險，而可能入於死地之意。而「不亡」者，指因順利避開險禍，故不會亡其身。「死而不亡者壽」，指知思患於未然，所以雖遇災禍險難，因早已有防備措施，而得以全身而退，故「不亡」，得其「壽」之謂。

《易經・豫卦》六五爻辭曰：「貞疾，恆不死。」爻辭的「恆不死」，意思即與本句「死而不亡者壽」相同，亦即雖遇到險難，因早有相對應的預防措施，故得以順利貞正其疾，而不會造成亡失。

第三十四章　大道氾兮

大道氾兮，其可左右。
萬物恃之而生而不辭。
功成不名有，衣養萬物而不爲主。
常無欲，可名於小；
萬物歸焉而不爲主，可名爲大。
以其終不自爲大，故能成其大。

【解義】

大道氾兮，其可左右

「大道氾兮」，天道之所以也被稱為「大道」，這是因為其德至大而周遍，亨通流行於天地一切處，萬物皆普受其德澤，故猶如「氾兮」。

「左右」，因為左與右是兩相對稱，所以「左右」之象，這裡是取其象徵盈虛損益、常保平衡之意。「其可左右」，形容大道之流行，雖然亨通而周遍一切處，但並非氾流不節，其道之動進，常保盈虛損益，出入平衡，也因此能規律有常，恆久運行不已。

萬物恃之而生而不辭

「恃」，倚賴，指萬物是依恃天德的頤養臨保照顧。「萬物恃之而生」，指天德有日照雲雨之施益，萬物則是在天德的臨保照顧下生長茁壯。「不辭」，在第二章曾有解釋，是指天道利益臨保萬物，萬物感其德澤，皆主動歸附順隨其道而行。

功成不名有，衣養萬物而不爲主

天道雖有生長繁榮萬物之功，但因天德無我私，所以是「功成不名有」。雖然萬物是在天德的頤養和臨保照顧下，成長繁榮天地之間，但天道從不居其功，就像是天道雖衣養萬物，卻沒有宰制萬物而欲為其主。

常無欲，可名於小

天道雖德澤廣被天下萬物，卻無我無私，功成卻不名有，因為就像是沒有「我身」的存在，所以也就能「常無欲」。同時也因為是無我無私，不自恃尊高而能謙下，故可以「名於小」。

萬物歸焉而不爲主，可名爲大

天道無我私以利益萬物，其德雖至大，有功並不居，而不為萬物之主，但萬物莫不感其德，皆主動歸附貞隨之，而萬物皆順服天道，就像是天道能「大有」天下萬物般，故「可名為大」。

以其終不自爲大，故能成其大

天道德澤化育天下萬物，其德雖至大，卻無我無私，功成弗居，而天道這種不自尊大為主、有功不居之德，反而獲得天下萬物的應和貞隨，也因此能成就其「大道」之德。

另外，本章可與《易經》大有卦互參，這是因為大有卦之象義，也是在講天道之所以成就其「大有」之德，是因為雖德澤廣被萬物，卻不居其功，所以終能成就其大。

第三十五章　執大象

執大象，天下往。

往而不害，安平太。

樂與餌，過客止。

道之出口，淡乎其無味。

視之不足見，聽之不足聞，

用之不足既。

【解義】

執大象，天下往

「執」，原指執持，這裡含有效法之意。「大象」，這個「大」是做為大道之象徵，「象」是指四時季節變化之情狀，而「大象」者，就是指天德象徵，即天道中正誠孚，規律有常等諸德的顯現。「執大象」，指為政在上者懂得執此「大道」，也就是知效法天德作為，能誠孚信實，樸而少私寡欲，正其位在上。

「天下往」，指若能效法天德作為，就會像那中正天道獲得萬物之貞隨般，天下人民皆主動往歸附之，並順服於上治。

往而不害，安平太

「不害」，原指順大道而行，就可在中正之德的引領下，不受困難險阻所傷害，這裡是指為政在上者誠身正己在位，且重視人民福址，人民在上位者的中正引領下，猶如能行於正道上，故「不害」。「往而不害」，指為政在上者做到誠正在位，樸而少私寡欲，猶如以其中正誠孚之德引領人民，而天下人民將效法其誠正之德，並往歸附順服其治。

「安平太」，指上位領導者若能執此「大象」，從誠身修己做起，未來其誠正之德將影響到國家人民，人民知仁尚義，彼此誠信互助，是即天下進至「安平太」之境界矣！

樂與餌，過客止

「樂與餌」，指聲色享樂與口腹之欲。「過客止」，指原本「執大象」，順天道，少私寡欲，會是一條引領人們走向平安的大道，然而人們卻因執著於貪欲，流連於聲色逸樂，導致止步於半途中，無法到達目的地。

道之出口，淡乎其無味

雖然是稱道之出口，但這個所謂的「出口」，其實是可以進，也可以出。因此，所謂「道之出口」，在此有兩種含意：一是指應如何「坐進此道」，即若做到誠身修己，去其私，寡其欲，就可以從這一個「道之出口」，直接進入到道裡面；另一則指若能誠正在位，樸而無私，就猶如可以成器用般，其影響將會像是從這個「道之出口」，逐漸往外擴散出去，即從一人之正，進而影響到全國人民之正。

「淡乎其無味」，因為所謂「執大象」，順天道，是樸而無為，少私而寡欲，所以就像是淡乎其無味。

視之不足見，聽之不足聞

由於道隱無名，其為物也，乃惟恍惟惚，是無定形，亦無定狀，因此也就「視之不足見，聽之不足聞」。另外，這兩句話其實也同時隱喻順道而為者，當戒在聲色享樂等感官上的追求，不讓五光十色迷眩其眼目，不使鑼鼓喧囂擾亂其耳根。

用之不足既

此句有兩層意思：其一指大道能妙生天地與萬物，其德至大，猶如取之不盡，用之不竭；其二指順道而行雖然少了聲色享樂，像是淡乎其無味，卻是令人常感富足。而為政在上者若能執此大道而行，少私寡欲，樸而無為，正位在上，則其功至大，直可影響天下人民而「安平太」，此亦「用之不足既」也！

第三十六章　將欲歙之

將欲歙之，必固張之；
將欲弱之，必固強之；
將欲廢之，必固興之；
將欲奪之，必固與之；
是謂微明。
柔弱勝剛強？
魚不可脫於淵，
國之利器不可以示人。

【解義】

將欲歙之，必固張之

「歙」，收斂向內。「固」，這個「固」在此是取其範圍限制之意。也就是說，在變動範圍固定，而有上下限制之前提，若動至上或下限，接著就會往相反的另一方走。「將欲歙之，必固張之」，指當物體向外張開到了極限，接下來自然地就會往內斂合，所以這時只要順著向內收縮的趨勢走，必得事半功倍之效。

將欲弱之，必固強之

因為盈虛消息，物壯則老，本是自然之理，所以當物體強壯至極點，接下來就會逐漸走向羸弱，這是無法避免的趨勢。

將欲廢之，必固興之

當事物發展到達繁榮興盛之頂點，接下來就會逐漸往頹廢衰敗方向變化，這也是趨勢使然。因此，能明審形勢，耐心觀察變化，把握住時機順勢而為，則易取其功也。

將欲奪之，必固與之

「奪」，並不是指奪取之意，而是應理解為獲得或收穫。「與」，是指付出之意。「將欲奪之，必固與之」，指想要得到什麼結果，必先付出相對應的努力，所謂「一分耕耘，一分收穫」，這才是一種順應自然而為的道理。

是謂微明

整片是白色，中間若出現一個點，則這微小黑點就會變得非常明顯，同時也是聚焦所在，就像是取得全部優勢般，是謂「微明」。

柔弱勝剛強

為何柔弱可以勝剛強？這是因為能夠得其機，得其勢。苟不得機，不得勢，柔弱豈能勝剛強？倘若能得其機勢，就猶如轉圓石於千仞之山，不必費四兩彈指之力，即可輕易駕馭千斤之重也。

魚不可脫於淵

魚若是在水中，就會活躍迅速，而一旦脫離水面，再也無可施力處，猶如失了牠的勢，這時徒手即可輕易取之。

國之利器不可以示人

一國雖有強兵利器，但是敵方若早已探知其布署防守，則原本強兵利器之優勢將盡失，這時對方就可避其強而攻其弱，以較少的力量取得勝利，這也是一種「柔弱勝剛強」也！

第三十七章　道常無為

道常無爲，而無不爲。
侯王若能守之，萬物將自化。
化而欲作，吾將鎮之以無名之樸。
無名之樸，夫亦將無欲。
不欲以靜，天下將自定。

【解義】

道常無爲，而無不爲

「道常無為」與三十二章的「道常無名」，二者所要表達意涵相通，皆是指道雖然無法名其形狀，卻可以實感其誠孚信實與無我私之德，然而道這種誠孚信實、樸而無我私之常德，雖像是「無為」一般，卻能獲得萬物的應和順隨。

「道常無為，而無不為」，指道雖猶如「無為」般，只是規律有常，誠孚在位，然而萬物卻是在其中正引領和德澤下，自然繁榮於天地之間，而萬物之化育繁榮，即是道「無不為」的呈現。

另外，「道常無為，而無不為」之義，也同時隱喻聖人或侯王若能法「道之常」，而以清靜守常、樸而無為治天下，將可收化成天下之功，是亦一種「無為而無不為」之德也。

侯王若能守之，萬物將自化

此句與三十二章的「侯王若能守之，萬物將自賓」相似，二者差異只在「自化」與「自賓」的不同。「化」是指化育萬物或天下化成，而「賓」則有歸順、順服之意。

所謂「自化」，除指天德之化育萬物，將以其中正誠孚之德引領萬物生長，萬物自然地繁榮，同時也指聖人或侯王之化成天下，乃以「樸而無私無為」之德做為人民之榜樣，人民上觀而效仿之，民風自然歸向純樸善良。

化而欲作，吾將鎮之以無名之樸

這一個「化」同前之「自化」，是指天下自然化成之意。既然是「自然化成」，是以「無為」之德化成天下，但為何後面會接有「欲作」之語，即欲有所作為？其實，所謂「化而欲作」，猶如是以一種反述法來表達「無為」以化成天下之義。

這是因為侯王若欲化成天下，最上之法乃知法「道常無為」，除此之外，任何其他的「有為」，都會落入帶有我私，皆屬「妄作」。也因此，若是「欲作」，則將不可為，是行不通的。而這也是為何下一句會接「吾將鎮之以無名之樸」，即法天德之「道常無名」，以「樸而無為」來鎮制有為之妄作。

無名之樸，夫亦將無欲

這一個「無名之樸」是針對上位侯王而說的，意指當法「道常無名」之德，而以「樸而無為」治天下。至於下一句的「夫亦將無欲」，除用來解釋所謂「樸」，是指無我私，寡其嗜欲之意思外，同時也隱喻上位侯王若以「樸而無為」治天下，在下人民將受其影響，民風自然也會走向儉樸知足而少嗜欲。

不欲以靜，天下將自定

「靜」，指清靜守常不爭之意。「不欲以靜，天下將自定」，指上位侯王若能誠身修己，樸而少私寡欲，並以清靜守常治天下，天下人民自然會各安其位，各盡所職，社會也會呈現出一片和諧次序，所謂「天下將自定」。

第三十八章　上德不德

上德不德，是以有德；下德不失德，是以無德。
上德無爲，而無以爲；下德爲之，而有以爲。
上仁爲之，而無以爲；上義爲之，而有以爲；
上禮爲之而莫之應，則攘臂而扔之。
故失道而後德，失德而後仁，
失仁而後義，失義而後禮。
夫禮者，忠信之薄，而亂之首。
前識者，道之華，而愚之始。
是以大丈夫處其厚，不居其薄，
處其實，不居其華。
故去彼取此。

【解義】

上德不德，是以有德

所謂「上德」，是指最高最上之德，而最上之德，則莫大於天德。天道德澤利益天下萬物，從不要求萬物任何回報，是無私無我以利他，有德並不居德。正因為天德「不德」，故能成就其至大之德，「上德不德，是以有德」之謂。

下德不失德，是以無德

這個「不失德」，是指有利他之德，而居其功之意。

何謂「有德」之定義？所謂的「有德」，是因為有利他之作為，而存在利他之功。既然稱「有德」是因為建立在有利他之功，因此，倘若現在有位「施德」者，是伐其善，居其功，把既有功德攬到自己身上，這時也就不存在有利他之德了。而一旦將功德自攬，所謂的「不失德」，則原本利他之「有德」，將變成圖個人己私而轉「無德」，「下德不失德，是以無德」之謂。

上德無爲，而無以爲

「上德無為」，這一個「無為」，同「道常無為」的無為，而「上德無為」意指道所以能稱上德，是因為完全無任何自我之私心，並將以中正誠孚，公平無偏私之德引領萬物，各類萬物則是自然地繁榮於天地之間。

「無以為」這個「為」字，音同因為的「為」，所以「無以為」意指不會為特定對象而利之，也不會為我私之目的。天道中正無私，德澤公平普施天下萬物，其利益萬物，並無遠近親疏之分別，一切公而無私，也不圖任何回報，而正因為這種「無以為」之德，故成就其「上德」。

下德爲之，而有以爲

此句的「為之」，是指作為之意。「有以為」這一個「為」，也是音同因為的「為」，而「有以為」是指為個人我私之目的，也就是有所圖求之意。「下德為之，而有以為」，之所以被稱「下德」，是因為這種「作為」，是有所為而為，是為了個人之私心目的，並不是無私以利他，故其德淪為下矣！

上仁爲之，而無以爲

「無以為」，不會私心為己之意。「上仁為之，而無以為」，仁者仁民愛物，視眾皆平等，其仁愛他人，並不會有貴賤之等，或遠近親疏之分，也不會為個人之私心目的，一如那天德作為，視萬物平等無分別，故能成就「上仁」。

上義爲之，而有以爲

「義」者，利他也，而不求任何回報。「有以為」，這個「有以為」，意思同樣是指有所為而為，但為何「有所為而為」，可以稱「上義」？其理何在？

這是因為「義」者，乃無私以利他而不求回報，所以，當我從社會上得到他人無私的幫助，我也應該讓利益不停地傳遞，繼續去利益其他更多人。而正是基於這種義利互益之「目的」，為了讓社會繼續傳遞這無私以利他之義，所以就像是「有所為而為」，「上義為之，而有以為」之謂。

上禮爲之而莫之應，則攘臂而扔之

「應」，應和意，這裡是指禮能契合於時用之意思。由於禮之用，必須順應時空環境變化之宜，才能顯示出「禮」的價值所在，所以，一旦發現既有禮制已滯礙難行，就應適時地斟酌調節之，而非繼續食古不化，固執不知變通。

「上禮為之而莫之應，則攘臂而扔之」，指所謂的「上禮」，是當發現所制之禮已無法契合於時用，就應順應時勢之實際需求而更革之，把不合時宜的部分拋棄，這就是為何稱「攘臂而扔之」之理。

故失道而後德

此句非指當「大道」失落了，只好以「德」續之。其實，這一個所謂的「失道」，指的是「無為而治」，是指把有為之妄作棄置之意。但為何「無為而治」，會像是「失道」？這是因為既然是「無為」，這時就像是不需要再有其他之「治道」，所以，就應將一切巧智聰明等有為妄作之治道，完全丟棄殆盡。換言之，這一個「失道」，所失的是有為之治道。

至於，何謂「後德」？為政在上者能誠身正己，樸而少私寡欲，以崇高的道德修養做治道，這才是真正的治道之「本」，是稱「後德」。

失德而後仁

此句也非如字面所指，在「道德」喪失之後，只好以「仁」取代之。「失德而後仁」，是指為政在上者能誠身正己在位，以崇高的道德修養做為人民之榜樣，而當民風歸向敦厚純樸，人民皆孝悌，因孝悌乃仁之本，所以這時仁愛之德將施行天下，而一旦聖人教化之功成，猶如「聖人之德」可棄置矣！

失仁而後義

因為「義」者，無私以利他也。故所謂「失仁而後義」，是指當仁愛之德已施行於天下，這時人民將由原本的一家之孝悌，繼續擴而充之，進而關心與愛護其他人，即從「親其親，子其子」，更進到「不獨親其親，不獨子其子」，至此，既然無私以利他之「義」已成，則象徵前一階段的「仁」可棄置矣！

失義而後禮

這一個「禮」，與「禮運大同篇」的禮字意思相同，是指當「大道」施行於天下，則人民講信修睦，社會和諧有秩序，這時猶如「禮制」運行，而天下平也。「失義而後禮」，指先由一家之孝慈，再到每一家皆正其家道，更進而到全邦國天下皆能講信修睦，互助互利，不會私心為己，此時即前面道、德、仁、義等諸階段皆可「棄失」，而「大道」將猶如禮制般運行於天下也！

夫禮者，忠信之薄，而亂之首

欲理解此句話，除要瞭解何謂「忠信」之意思外，同時也得辨明何謂本末之義。「忠信」者，乃君子進德之基，所以此句的「忠信」，即指上位者誠身正己而重修德之意。「禮者，忠信之薄」，指若欲實現治天下之「禮制」，即仁義施行於天下，上位者必須先做到「忠信」之進德。也就是說，治天下之「禮制」，與上位者之「忠信」，二者間的相對應關係，「忠信」猶如是本，而「禮」則是末，必須先有「忠信」之本立於內，然後才會有治天下之「禮制」施行在外。倘若，上位者不能誠正修德在先而「忠信」立，卻是欲藉其他有為之手段而務「禮」在外，猶如捨本逐末，是即為何稱「夫禮者，忠信之薄」之理。

至於，所謂「亂之首」，也如前之解釋，是指若是薄了「忠信」，這時已亂其根本，卻奢望天下能得治，豈不像是緣木而求魚。

前識者，道之華，而愚之始

「前識」，原指有前瞻之智，這裡是象徵上位者倚恃巧智聰明以治國之意。「華」，表面之華飾，沒有實質內涵之意。「道之華」，指「前識」者，乃猶如道表面之華飾，是虛而不實的。然而，為何上位領導者竭其巧智聰明以治國，是猶如「道之華」？這是因為上位者雖有「前識」之聰明才智，仍不如民智之皆獲得啟迪。

換言之，上位者做到誠身修己，而民智能夠獲得啟迪，才是治道之實，是本。而在上者之有聰明，則只是治道之華，屬末。也因此，上位者若不重視修忠信之德，不懂得誠正在位、樸而無為之治道，卻倚恃一己之巧智聰明，這就是捨本而逐末，故為「愚之始」也！

是以大丈夫處其厚，不居其薄，處其實，不居其華

「厚」者，本也。「薄」者，末也。「是以大丈夫處其厚，不居其薄，處其實，不居其華」，此句實與「君子務本，本立而道生」意思相通。因為大丈夫「忠信」而重修德，是本立也，是厚也，而治道之禮制，乃末也，是薄也；對人民「教思無窮」，以啟迪民智，這是懂得「處其實」，上位者若是不重修德，卻逞一己聰明，是猶如「居其華」。

故去彼取此

「彼」，外也。「此」，內也。大丈夫誠身正己向內求，不會逐末於外，是謂「去彼」，而「取此」。

第三十九章　昔之得一者

昔之得一者，
天得一以清，地得一以寧，
神得一以靈，谷得一以盈，
萬物得一以生，侯王得一以爲天下貞。
其致之，天無以清將恐裂，地無以寧將恐發，
神無以靈將恐歇，谷無以盈將恐竭，
萬物無以生將恐滅，侯王無以貴高將恐蹶。
故貴以賤爲本，高以下爲基，
是以侯王自謂孤、寡、不穀。
此非以賤爲本邪？非乎？
故致數譽無譽，不欲琭琭如玉，珞珞如石。

【解義】

昔之得一者

「昔」，過去、從前，亦含有恆久之意。「一」，所象徵之意思，第十章曾解釋過，它可以指道或玄德，但更強調「始生」或「生生不已」之義。至於，為何「一」可以用來代表「始生」或「生生不已」之義呢？這是因為道或玄德，原本是隱而無名，猶如虛無恍惚般不存在，但道卻有始生天地，變化四時，化育萬物之德，所以既不能稱它為「沒有」或「無」，也不可以說它是「有」，而落入著相，只好以一來表達這種「真空生妙有」之義。

此外，原本只是一個符號象徵的「一」，當它被賦予「數之始」這個概念後，未來不管是百、千或萬，皆是由它所累積生出。倘若沒有一之生，也就不會有後面的百、千、萬等數之成。

「昔之得一者」，指若能得「一」者，將會獲得嘉美之善，也就是將會有如下述這些生生奧妙變化之功。

天得一以清

「清」，精純無雜，象徵天道剛健中正純粹精之德。「天得一以清」，指這個代表玄元之德的「一」，所生出的乾天之道，具備剛健中正之德，故其道之動進，規律有節，往復循環，恆久運行不已。

地得一以寧

「寧」，安也，平衡安穩之意。而之所以能保持平衡安穩，是因為知順隨時勢而變化調節。「地得一以寧」，指坤地之道之得「一」，是因為坤地懂得安貞順隨乾天而動，知偕天道四時規律之序而行，故能蓄積成博厚廣大，承載萬物無窮。

神得一以靈

「神」，至誠如神之德，象徵四時運行之道，誠孚信實，中正無差妄以動，其德如有神格。「靈」，象徵天道至誠之神格，感通天下萬物之意。「神得一以靈」，指由「一」所生出的四時寒暑之道，誠孚信實，規律有節，恆久運行在上，其至誠無差妄之德，如神靈之格充滿般，咸感天下萬物，萬物莫不應和貞隨其道而行。

谷得一以盈

「谷」，取其虛、空之象。「盈」，源源不絕的生出而滿溢。「谷得一以盈」，形容這一個代表玄德的「一」，雖像那「谷」之虛空般，隱而無形無狀，卻能源源不絕地變化生出日照和雲雨，滋潤頤養各類萬物無窮。

萬物得一以生

由玄德之「一」所生出的四時規律之道，以及日照雲雨之德，將化育天下萬物，萬物則是在天道的中正引領與德澤施益下，生長繁榮於天地之間。

侯王得一以爲天下貞

「貞」，貞正、貞隨、效法也。「侯王得一以為天下貞」，指身為上位侯王之得「一」，是因為懂得法「道之自然」，能夠誠身正己，樸而少私寡欲，以做為萬民貞隨和效法的榜樣，未來人民將順服其治，天下也會走向安寧太平。

其致之

「致」，推至極致之意。「其致之」，指玄德或「一」其用、其功至大，無所極之意。另外，「其致之」也可以如此解釋：假如沒有這一個「一」，則最後所見到的結果，將會是天地不再規律往來，四時不再更迭變化，萬物也無法再繁榮生長。

天無以清將恐裂

「裂」，斷裂、分開不連接之意，形容天道若無法剛健運行不息，則其動進之道將會斷裂不連接。「天無以清將恐裂」，指天道之運行，若無法保持剛健中正之德，即「無以清」，就無法剛健不止息的向前運行不已，也就是將中斷於半途。

《易經・乾卦》九四曰：「或躍在淵，無咎。」天道若無法保持剛健往進不已，只要稍有片刻停滯懈怠，天道規律之序將陷入紊亂，猶如掉入深淵之中。乾卦九四爻辭的「或躍在淵」，與「將恐裂」意思相通。

地無以寧將恐發

「發」，發散向外，無法集中蓄積向內之意。「地無以寧將恐發」，指坤地若不能順隨乾天之動而動，無法與乾天偕時共進，則含藏在內的玄元之德，將無法蓄積成博厚廣大，即所謂的「將恐發」。

《易經・坤卦》六三象曰：「含章可貞，以時發也。或從王事，知光大也。」

坤卦六三小象傳的「含章可貞，以時發也」，意思可與「地無以寧將恐發」互參。

神無以靈將恐歇

「歇」，歇止、凋敝。「神無以靈將恐歇」，指四時之道若無法信實不忒地運行，季節春夏秋冬將不再規律變化，萬物生長也就無所依從，而一旦天地不交而萬物不通，天地之間就會變成一片否塞不通的凋敝景象。

谷無以盈將恐竭

「竭」，枯竭。「谷無以盈將恐竭」，指天地間若少了這個生生不已的玄德之「一」，日照光明將不再，也不會有雲雨之施行，而天德若枯竭，萬物將不生。

萬物無以生將恐滅

此句意指玄德能生長化育萬物，而萬物若沒有中正天道的引領，以及天德日照雲雨的滋養，將無法再生長衍繁而滅絕。

侯王無以貴高將恐蹶

何謂「貴高」？下一句對此有解釋，「貴」者，以賤為本；「高」者，以下為基。而所謂「貴以賤為本」，是指雖身居貴位，卻懂得謙下不爭，猶如知「以賤為本」。「高以下為基」，指人民乃邦國之根本，人民能夠安居樂業，才是上位者最穩固的基石。

「蹶」，顛仆、跌倒之意。「侯王無以貴高將恐蹶」，指身為上位侯王應樸而無我私，懂得謙下不爭，不會自恃尊貴在上，時時以人民為重，讓人民可以安居樂業，才能安守其位而不蹶。

《易經・乾文言傳》上九曰：「亢龍有悔。何謂也？子曰：「貴而無位，高而無民，賢人在下而無輔，是以動而有悔也。」乾卦文言傳上九「貴而無位，高而無民，賢人在下而無輔」之意思，可與「侯王無以貴高將恐蹶」互參。

故貴以賤爲本，高以下爲基，是以侯王自謂孤、寡、不穀

「孤」，單獨。「寡」，少也。「孤寡」，此單獨而寡少之象，可引申指謙下而不承其有，即不自恃尊貴之意思。「不穀」，「穀」是糧食作物，可以頤養人民，而「不穀」在此則是指自謙沒足夠能力生養萬民。「是以侯王自謂孤寡不穀」，除含有身為侯王須懂得謙下不爭，不可自恃貴高在上之意外，更深一層意思是指若是無法讓人

民安居樂業，獲得充足的頤養，也就是人民若「不穀」，則這時的侯王就會「將恐蹶」，猶如失去根基而變成孤、寡般無助。

另外，由於侯王只是孤寡「一」個人，人民則是有萬眾之數，又因為「貴以賤為本，高以下為基」，人民就像是國家之根本基石，而一旦人民「不穀」，不得充足頤養而無法安居樂業，這時少了萬民做根基的侯王，也會像是個無法益生的「一」，那樣地孤寡和單薄。

此非以賤爲本邪？非乎

此句像是以疑問句方式從正、反立場各問一次，這除了強調身為侯王應具備謙下不爭之德外；同時也在提醒身為「貴高」侯王，須瞭解到人民乃邦國之根本，所以若無法讓人民安居樂業，就會如同失去穩固根基般而仆蹶。

故致數譽無譽，不欲琭琭如玉，珞珞如石

「譽」，讚揚、稱譽，指希望名聲顯揚，獲得人民讚譽。「致數譽」，指欲藉由巧智聰明等諸多作為，乃至好大喜功，而博取讚譽。「無譽」，指因缺少實質內涵，以致無法獲得真正的聲譽。「故致數譽無譽」，形容為政在上者若欲藉巧智聰明等諸

多作為，或是好大喜功以展現一國之富盛，使自己名聲獲得顯揚，事實上，這樣的治道反而會因缺乏穩固的根基，最後將落得失守其位而顛蹶。

「不欲琭琭如玉，珞珞如石」，指不會像那經過雕琢的玉器般，琭琭光彩耀目，而是願意保持著如樸素無華的堅石般自然，這是形容為政在上者寧以清靜守常，樸而無為之道治天下。

第四十章　反者道之動

反者，道之動。
弱者，道之用。
天下萬物生於有，
有生於無。

【解義】

反者道之動

這個「道之動」，是指「道」的動進變化，也可以說是那一個由道所生出，顯明而可形容其象的四時動進運行之道。「反」在此有兩種含意：一是同「正反」的反，指天道之動進運行，乃一晝一夜，一寒一暑，猶如有一正，則朋合以一反，彼此對等平衡；另一則同「反復」的反，意指天道四時之更迭運行，周而復始，反復循環不已。

「反者道之動」，指天道之動進運行，一晝一夜，朋合互補，一寒一暑，出入平衡，故其道能反復循環，恆久運行不已。

《易經・復卦》卦辭曰：「亨，出入無疾，朋來無咎，反復其道，七日來復，利有攸往。」復卦辭的「反復其道」，就是與「反者道之動」意思相通。

弱者道之用

「弱」，疾弱、腐舊之意。「道之用」，指道的利用之功。而道之所以會成其利用之功，這是因為在「道之動」的過程中，將會有新舊交替與盈虛損益之變化。

由於天道晝夜與四時寒暑之動進更迭，舊一日與舊季節將會適時的遯退逝去，然後繼之以新一日、新季節，其過程就像是適時損去疾弱、腐舊，讓強的、優的有了新生繼起之機會。正是因為晝夜與寒暑將會新舊交替，所以四時之道才能恆久運行，萬物也因順隨季節之遞進而成長繁榮，是即體現道利用之功，同時也是稱「弱者道之用」之理。

《易經・損卦》彖辭云：「損，損下益上，其道上行。」「損下益上」是指適時將那些次下、老舊的部分損去，讓善上的可以獲得新生繼起之機會，而就在這日新更迭變化當中，其道得以進步上行不已。〈損卦〉彖辭亦云：「損剛益柔有時，損益盈虛，與時偕行。」天道之運行，不過是晝夜、寒暑如此「剛柔」二道往來推移而已，但雖僅此剛柔二道，卻因能偕時節之不同而盈虛損益，天道也得以復始循環不已，利益生長萬物無窮。觀〈損卦〉彖辭之義，實與「弱者道之用」意思相通。

天下萬物生於有，有生於無

此句與第一章「無名，天地之始；有名，萬物之母」，可以說是意思相通，兩章可以前後互參。

所謂「天下萬物生於有」的有，其實就是等於「有名，萬物之母」的有名，是代表由道所生出的那一條規律有節，終始循環的晝夜、寒暑之道。而天下萬物之所以生於「有」，是因為萬物在這條天地常道的中正引領，以及日照雲雨的施益之下，得以生長繁榮於天地之間。

至於本句中的「無」，則與「無名，天地之始」的無名相同，是指「道隱無名」之意。而所謂「有生於無」，是指這條可以感受其誠孚信實，規律循環的天地日月常道，則是由隱而無名的「道」所由生。

另外，讀老子書時可以視第一章到第四十章為「上經」，而上經主要是在解釋什麼是惟恍惟惚的道之象徵。從第四十一章到第八十章則可視為是「下經」，而下經是在解釋善為道者如何篤行實踐道，與如何「道法自然」，以成就大道運行後，安寧太平的理想大同世界。至於第八十一章所述聖人之道之義，則可獨立當作是全經的結語。

當然，事實上老子書在所謂章節的畫分定義上並非嚴謹，說它並沒有上下經之區分也無不可，只不過在研讀全書時，若能先將第一、四十，第四十一、八十，以及第八十一章獨立而觀，將有助於一窺全豹。

第四十一章　上士聞道

上士聞道，勤而行之；
中士聞道，若存若亡；
下士聞道，大笑之。
不笑，不足以爲道。
故建言有之：明道若昧，進道若退，
夷道若纇，上德若谷，
大白若辱，廣德若不足，
建德若偷，質眞若渝，
大方無隅，大器晚成，
大音希聲，大象無形，道隱無名。
夫唯道，善貸且成。

【解義】

上士聞道，勤而行之

一位可被稱為「上士」的人，是在他聽聞「道」之後，立刻知道道之有益，願意身體力行，篤行實踐道所揭櫫的道理，做到知與行合一，這才是真正的「知道」。

中士聞道，若存若亡

對於在聽聞「道」之後，一位被稱為「中士」的人，雖然在其心中願意相信道是真的對他有益，卻因為習氣上的執著，或因私心嗜欲的難以降服等，導致雖然聞道，並無法切實履踐道。因為這種雖聞道而心想「修道」，卻是半途而廢，不能恆其德，就像是掉了再拾起，拾起了又再掉，故曰「若存若亡」。

下士聞道，大笑之

由於「道」所稱的諸善德，乃樸而少欲，處下不爭，但這些卻與人們所追求的富貴功名、聲色享樂等，完全背道而馳，所以，一位被稱為所謂「下士」的人，他會認為「道」是虛玄不實，是空泛不真切的。而當「有道」者告訴他，順道而行，去其私，寡其欲，是對自身真實有益，他則是反過來取笑對方思想迂腐，消極而不求上進。

不笑，不足以爲道

此句表面像是指道之所以「有價值」，是因為被所謂「下士」者所取笑，所以才反襯托出道的價值和可貴。事實上，這句話並非作如此理解，它主要是用來表達在「聞道」之後，還要懂得切實去履踐道，使知與行合一。

為何這句話應作如此解釋？這是因為「下士」是指取笑道的人，所以若反推其則，這個「笑」之象徵，也就可以代表是指下士之不懂道與不願行道。既然笑是代表不懂道，同時也不會行道；相對地，這一個「不笑」之象徵，就會是「笑」之相反，即指在聞道之後，瞭解到道之可貴，並願意去篤行實踐道。也因此，「不笑，不足以為道」所象徵，是指一位真正懂道者，是在聽聞道之後，就會即知即行的去履踐道，因為若只會坐而言道，卻不能起而行道，這是「不足以為道」的。

故建言有之

「建」，建立、建樹，指實而可見之功之意。「言」，含有言語之說和例說之意思。「故建言有之」，可以簡單的如此解釋：道之有益，並非虛言，所以，將舉下列幾個真而實有的道之善德來說明之。

明道若昧

「明道」，是指瞭解什麼是「道」。事實上，若要真正的「知」道，則必須同時結合「行」道，即必須身體力行去實踐道的道理，才是真正懂道。因此，所謂「明道若昧」，是指在聽聞道的道理之後，雖然表面上像是「知」了，卻因不願意篤行實踐道，以致並無法真正的「明道」，故實際上仍「若昧」。

進道若退

「士」之行道，法乾天之行健，自強不息以履踐道，不會半途而廢。因此，「士」若有志於行道，就應每日精進不懈怠，否則就會停滯不前，甚至更退轉回去，是即為何稱「進道若退」之意。

夷道若纇

「夷」，因第十四章云：「視之不見，名曰夷。」所以「夷」在此可作「暗」解。

「纇」，同「類」字，這裡是指與道偕行，猶如和道同類般。《易經・坤卦》彖辭：「西南得朋，乃與類行。」其中的「纇」，即與這一個「類」同意思。

雖然道之德至大，但道卻是隱而無名，猶如不可捉摸，夷而不可視見，而惟有懂得順道而為，與道偕行，才能體會順道之有益，否則道仍然會像是被隱藏在內，暗而不可見般，「夷道若纇」之謂。

上德若谷

「上德」，是指玄德，因為玄德至大而周遍一切處，天地萬物皆普受其德澤，故稱「上德」。「谷」，這是取谷之虛、空之象。「上德若谷」，指道或玄德周遍流行而大有天地間一切處，凡四時之運轉，萬物之生長繁榮，無不是玄德之功，然而玄德卻是無形無狀，似空若虛無。

大白若辱

「大」，大而周遍之意。「白」，精純無瑕疵，象徵玄德之精粹，猶如「光之白」。「大白」，形容玄德如「光大」般，周遍流行天下一切處。「辱」，有卑而順從之意，這裡是用來象徵像那地道之知卑而順承天道而行。「大白若辱」，指玄德乃周遍流行一切處，然而若要讓蓄藏的玄德發揮成功用，應效法坤地之順承天道而行之德，這是因為坤地知順承乾天中正，才能使得含藏在內之玄德，獲得發揚光大。

《易經・坤卦》彖辭云：「坤厚載物，德合無疆，含弘光大，品物咸亨。」坤彖辭的「含弘光大」之象，可與「大白若辱」互參。

廣德若不足

「廣」，蓄積成廣大之意。「不足」，表面上有嫌其不足夠之意思，實際上，這是取其每日不止息的蓄積其德，故似永不滿足。「廣德若不足」，指天道之運行，剛健中正，永不止息，能夠日新進步而廣其德，故若從相反立場而觀之，就像是「若不足」。

建德若偷

「建」，指有功德之建立之意。「若偷」，像是被偷走，在此隱喻不居其功，故似被偷。「建德若偷」，指天道雖有化育萬物，美利天下之德，卻從不居其功，因為有功並不居，故像是其德被「偷」。

質眞若渝

「質真」，其質信實真誠之意，形容天道具備剛健中正、誠孚信實之質。「渝」，渝變之意，即將隨著時位的不同而調節改變。「質真若渝」，指天道四時之運行，雖然季節寒暑之往來更迭，像是不斷地動盪變化，但因具備剛健中正、誠孚信實之質在內，故並不會因其間的震盪變化而偏離既定常道，仍然規律運行，恆久不已。

大方無隅

「大」，象徵至大天道。「方」，象徵其動進正而有方，不會散漫而不知其所之。「隅」，邊隅、角落。「大方無隅」，指天道之運行，規律有節，渙廣流行，源遠流長，浩瀚無有邊際處。

大器晚成

此句表面是指一個大器物的製造，須花很久的時間才能完成它。實際上，這是形容天道假如是件至大器物，則這件器物之大，其遠則無所極，其久則無所窮。

大音希聲

「希」，因為第十四章提到「聽之不聞，名曰希」，所以這個「希」字，可以直接理解為安靜無聲，聽之不聞之意。「大音」，這個「大音」指的是天道之「聲音」，即所謂的「天籟」。然而，天籟是聽之不聞，是「希聲」的。但既然是希聲，是無聲，卻為何會稱之是「大音」？這是因為天道不必言語，本一誠孚，只是規律有節運行在上，而萬物卻猶如懂得應和其「聲」般，皆樂意順隨其規律之道而行。

大象無形

「大象」，是指天道晝夜與四時季節變化更迭之象。「無形」，無定形之意。「大象無形」，指天道之運行，晝夜與寒暑之往來更迭，上下變動不居，猶如無固定之形狀，然而其道卻能保持周而復始，恆久運行無差忒。

道隱無名

這個「道」，或是這個玄德，先天地創生，是自無始以來既存，然而它卻無形亦無狀，猶如虛空般隱而不可見，也找不到一個適切的名字，足以形容其德、其玄深奧妙。

夫唯道善貸且成

「貸」，施予，指德澤施益而善長萬物之意。「成」，成就其至大之德。雖然「道」是隱而無名，卻具備如上述諸多善德，不但始生天地，變化四時，更能德澤利益滋長萬物，其德可說至大而難以形容其善名。正因為道之德，乃真而實有，卻又有功並不居，故能成就其道之至大，「夫唯道善貸且成」之意。

第四十二章　道生一

道生一，
一生二，
二生三，
三生萬物。
萬物負陰而抱陽，沖氣以爲和。
人之所惡，唯孤、寡、不穀，而王公以爲稱。
故物或損之而益，或益之而損。
人之所教，我亦教之，
強梁者不得其死，
吾將以爲教父。

【解義】

道生一，一生二，二生三，三生萬物

這一段話所要表達的意思很簡單，不必把它理解得太複雜，就是在講道生生不已之德。也就是說，當這個道之「無」，生出了「一」，接著就會從一這個「有」，連續不斷地生，生出二，再生出三，直到妙生天下萬物，亦未一刻止息。事實上，此段與第四十章的「天下萬物生于有，有生于無」，均是表達同一個意思。

或問，既然萬物是由道所生，那麼道是如何生出萬物的，其過程或其理為何？首先「道」將始生天地，然後這一條天地規律常道，將會德澤與引領萬物生長。至於，天地運行之常道，又是如何成為天下萬物之「母」？所謂「道生一，一生二，二生三，三生萬物」，即是用來表達其過程。

當道從「無名」，開始生出了稱「有名」的天地常道之後，天地日月將會不斷往來運行，而有晝夜變化之生成，這個天地往來的晝夜變化，可稱之為「一日」，此乃「道生一」之謂。

當晝夜不斷更迭前進，而累積這日復一日，將會由日形成為「月」，這就是所謂的「一生二」。

當日復一日而累積成月，再重複這些眾多的月，最後就會形成「年」，這就是所謂的「二生三」。

春夏秋冬四時季節不斷地變化，舊季節遜退逝去了，新季節會立刻生起，當一年過去了，新的一年又會復始元春，而萬物則是隨著四持規律之序的遞進，並在天德日照雲雨的施益之下，一日日成長繁榮於天地之間，這就是所謂的「三生萬物」。

萬物負陰而抱陽

此句的「負」跟「抱」，是取其背負和懷抱之意。而之所以會有「背」與「懷」之取象，這是因為人之背部和腹部，乃猶如一體之兩面，亦即有背部就一定會有腹部，二者並無法獨立而存，就像陰陽是相因相成一樣。「萬物負陰而抱陽」，指天地間的各類萬物，每一個體皆有生長繁衍的一面，也會有滅逝而遜去之時，然而就在這如同晝夜更迭的生滅當中，萬物卻可以生生不息，一代接一代持續地繁榮發展。

沖氣以爲和

「沖」，損之使流溢之意。「氣」，取其流動消長之象。「和」，保持和合平衡之意。道因為能夠生生不已，故有日月與四時之變化運行，以及萬物生長繁榮。然而，事實上道有生生之德，同時也含有「損」之德，例如，舊季節會適時地遯退逝去，日照雲雨也會損去盈滿而施益及下。正因為道具備這種盈虛消長，剛柔往來平衡之德，天地才能位焉，以及萬物育焉，「沖氣以為和」之意。

人之所惡，唯孤、寡、不穀，而王公以爲稱

此句表面雖是指人們所厭惡的是孤獨、寡少與不得生養，但身為上位王公，則是以孤、寡、不穀等謙退之辭來自稱。事實上，此句在本章是用來表達民為邦本，以及損益平衡之義。至於，為何是指此義，則必須從句中各文字象之含意解釋起。

關於孤、寡、不穀這三個象，在第三十九章曾有解釋，彼章是做為君主之自謙。但同樣是孤、寡、不穀這三個象，用於本章意義已有所不同，這裡是用來形容人民，意指當國家戰亂，人民流離失所，這時就會出現所謂孤、寡者，以及不得溫飽的「不穀」之情形，所以人民將會厭惡之，即「人之所惡」。

至於，「王公以為稱」的稱字，原含有「稱名」之意，但這裡主要是取其「對稱平衡」義。因此，所謂「王公以為稱」，是指雖然人民在下，而王公在上，但因「貴以賤為本，高以下為基」，廣大人民猶如上位王公的基石，而一旦人民有孤、寡、不穀等無法安居樂業的情形發生，這時上下將失去「對稱平衡」，王公也就難再安守其

位了。

故物或損之而益，或益之而損

這兩句話是用來表達盈虛損益，常保中道平衡之義。「物或損之而益」，指當物已至盈滿之狀態，這時就不可再益加，而是應該酌損之，才能讓它保持在平衡的穩定態，同時這也是為何稱雖損之，卻得益之理。「或益之而損」，指當物已經到了滿足狀態，就不要再益加之，因為這些添加進來的，對物本身需求而言已無必要，反而會因此破壞原本的穩定滿足態，這就是為何稱「益之而損」之理。

《易經‧損卦》彖辭云：「損剛益柔有時，損益盈虛，與時偕行。」損卦彖辭「損益盈虛，與時偕行」之義，可與這二句互參。

人之所教，我亦教之

這一個「教」字，原指由上傳授或施教於下之意，這裡必須進一步引申其義，才能透過「教」字象之意涵，而瞭解本章最後這幾句話所要表達之旨。因為「教」有傳授意，而傳授的目的是在於使對方瞭解所教，倘若受教者已經懂了，這時我若還從旁重複教他一遍，是不是就顯得「多餘」？

因此，若把教之「傳授」理解為「給予」之意思，則所謂「人之所教，我亦教之」，就猶如是在講已經給予了，若還再重複給一次，將導致多餘而過剩。

強梁者不得其死，吾將以爲教父

「強梁」，剛強橫暴之人。「不得其死」，非壽終正寢，而是因故而早夭。「強梁者不得其死」，此句原指橫行暴惡之人，因惡貫滿盈，所以將易招橫禍而死於非命，在此可引申指若是盈滿太過，卻又不知及時損去有餘，最後將招致災凶。

「父」，由於祖、父、孫這三代，父是居位三者之中，所以父在此就是取其「得中」之意。「教父」，象徵雖不斷地累加，但因知及時損去盈滿，故得以保持中道平衡。「吾將以為教父」，是指懂得適時的損去盈滿，讓整體能夠常保持在亨通和諧之平衡態。

第四十三章　天下之至柔

天下之至柔，馳騁天下之至堅。
無有入無間。
吾是以知無爲之有益。
不言之教，
無爲之益，
天下希及之。

【解義】

天下之至柔，馳騁天下之至堅

這一個「天下至柔」之物，並不是指水或氣，畢竟不管是水或氣，當遇到堅硬如鐵石的東西，還是難以毫無滯礙地馳騁遊走於其內。而所謂「天下之至柔」，其實指的是天道中正誠孚之德。因為「中正誠孚」之德，乃無形狀，無物象，不可捉摸，卻又似有「此物」，故可稱此物「至柔」。然而，為何中正誠孚之「至柔」，可以馳騁駕御天下之至堅？

由於坤地博厚廣大，可說天下之至深厚至堅硬之物，而坤地之動，是貞隨乾天中正規律之道而行，坤地之所以願意順承天，是因為咸感乾天中正誠孚之德。換言之，天道中正誠孚之德，此「至柔」之物，猶如能夠入於坤地之內，使坤地感其德，並順隨其道而動。

無有入無間

何謂「無有入無間」？試舉例說明。把一塊鐵從左擺到右，這時若就鐵的立場而觀，鐵的確是把右邊的空間給占據了。然而，鐵之能擺到右邊，是因為這個空間並沒有被其他有形物體占據，也就是說這個位置如同是「無有」。而現在若再以「右邊」的立場來看，鐵雖是佔到了這個位置；但反觀之，這難道不也是這個「無有」，進入到內無空間的鐵裡面去嗎？

其實，所謂「無有入無間」，這是用來形容前面象徵「至柔」的中正誠孚之德，因為中正誠孚之德並無形質，可稱「無有」，卻能感通天下萬物，所以，就像是能夠進入到任何物體之內般。

吾是以知無爲之有益

觀天道中正誠孚，規律運行在上，萬物莫不感其德，並皆順隨其道而行，猶如天道雖「無為」，卻能獲得「大有」天下萬物之功，故「吾是以知無為之有益」。

《易經・中孚卦》卦辭曰：「豚魚吉，利涉大川，利貞。」天道中正規律，誠孚有信，即使那些並非聰敏而如豚或魚之屬的動物，也能感其中正誠孚之德，樂意貞隨其道而行。中孚卦辭之象，亦可做為「無是以知無為之有益」此句之說明。

不言之教，無爲之益，天下希及之

為政在上者若能誠身正己在位，樸而少私欲，以做為人民效法之榜樣，這就是所謂的「不言之教」。而觀天道只是中正誠孚在上，萬物皆樂意應和貞隨之，此乃知「無為之有益」。因此，上位者懂得法天德作為，做到誠正在位，樸而少私欲，人民將感其誠孚並仿傚之，而此功之至大，可說是「天下希及之」。

第四十四章　名與身孰親

名與身孰親？
身與貨孰多？
得與亡孰病？
是故甚愛必大費，
多藏必厚亡。
知足不辱，
知止不殆，
可以長久。

【解義】

名與身孰親

「名」是指名望或名位，「身」是指自己的身體，當名與身這兩項互作比較，而必須擇一選擇時，哪一個才是真正與自己關係密切？

身與貨孰多

「貨」，指財貨。「多」，這裡是指重要之意。「身與貨孰多」，追求身體的健康平安，與追逐金錢財富，哪一項對自己才是真正重要？

得與亡孰病

「得」，指獲得名位或財富。「亡」，指必須犧牲身體健康，甚至亡失生命之意。「病」，形容哪一種較屬劣勢。「得與亡孰病」，獲得名位與財利，但必須付出損害身體的代價，或是寧願身體可以得到健康平安，但得甘居沒沒無聞且無財利，若必須在此二者間做出抉擇，到底會選擇哪一項？

是故甚愛必大費

「甚愛」，有多私多欲之含意，在此可指甚愛名位或財利。「大費」，必須付出極大的代價。「是故甚愛必大費」，指努力追求以享受名利，讓心中渴望得到滿足，是必須付出相對代價的，有可能使心靈枯竭，亦可能最後亡失其身。

多藏必厚亡

「多藏」，貪好財貨之利，多積累而不知滿足。「厚亡」，也是指必須付出極高的代價，或亡失自身之意。「多藏必厚亡」，指不停地追求金錢財富，永不知滿足，最後就是得付出慘重代價，例如，亡失身心之健康。

知足不辱

人內心若能少私欲而常知足，就會把名利視為身外之物，得失不放在心上。因此當名利在身，也不會覺得有任何尊寵或自豪的。相對地，倘使失掉了名利，也不會悵然若失，驚惶莫名，或是心中感到屈辱。

知止不殆

「殆」，有勞之意思。所謂「知止不殆」，是指不要汲汲營營於名利的追求，當懂得節止內心的私欲，才不會為了名利等身外之物，以致殫精竭慮而勞其身。

可以長久

不汲汲營營於富貴名利，安於平淡而常感知足，就能夠保持身心安泰，而可以長久。

第四十五章　大成若缺

大成若缺，其用不敝；
大盈若沖，其用不窮。
大直若屈，
大巧若拙，
大辯若訥。
躁勝寒，靜勝熱，
清靜爲天下正。

【解義】

大成若缺，其用不敝

「大」，指至大天道。「成」，含有完成而盈滿之意。「缺」，缺損，即猶如月亮由盈滿轉虧缺。「敝」，同第二十二章「敝則新」的敝，是指敝舊、損壞之意。

「大成若缺，其用不敝」，指天道四時之運行，寒暑往來推移，每當行至寒暑之極時，就會像那月滿轉虧缺般，而往寒或暑的另一端擺盪，於是四時之道就在這寒來暑往、盈虛消長之運行中，不斷地新舊交替，猶如生生不已，用之不敝。

大盈若沖，其用不窮

「盈」，天德日照雲雨之施益盈滿之意。「沖」，象徵天德將會損其盈滿而流溢及下。「大盈若沖，其用不窮」，指天德日照雲雨之施益，將會隨著四時季節的遞進，不斷地利益在下萬物，其德充沛盈滿，猶如用之不窮盡。

大直若屈

這一個「直」，是正之意，在此用以象徵天道中正規律。「屈」，彎曲，形容晝夜、寒暑往來之動，若彎曲之形。「大直若屈」，指天道四時之運行，剛健中正，規律有節，往復循環無差忒，然而其道之動進，則猶如屈曲之形。

大巧若拙

「巧」，形容至大天德，能變化四時，四季如此繽紛多采，也能化育萬物，萬物如此奧妙豐富，故似「巧」。「拙」，形容天道只是做到規律有常，誠孚有信，正位在上，故若「樸拙」。「大巧若拙」，指天道僅以其中正誠孚之德引領萬物，各類萬物自然生長於天地之間，並呈現出一片豐富繽紛之氣象，就像是天道雖「樸拙」，其功卻「巧妙」。

大辯若訥

「辯」，指善辯論，能說服他人。「訥」，形容質樸而不善於言辭。「大辯若訥」，指天道不必言語，本一至誠，中正在位，天下萬物無不順服其道而行，其德則猶如雖質樸而不善言辭，卻如有「善辯」之功。

躁勝寒，靜勝熱

這兩句話不容易被解釋，理應「靜」對「躁」、「寒」對「熱」，即稱「靜勝躁」或「寒勝熱」才是，畢竟這樣才會符合質性相近者，相互比較之原則。例如，公尺若對上公斤，彼此是無法相較大小的。因此，若欲瞭解何謂「躁勝寒，靜勝熱」，須先有前提定義之成立，再加上邏輯推論，才能說明這二句話所要表達之意思。

先談寒與熱的關係，這裡的寒、熱可象徵指寒暑兩氣象。因為寒暑兩氣乃往來相推，寒來則暑往，暑極則轉寒，所以就天理而言，寒與暑是往來對等平衡，並沒有孰勝或孰敗之分別。不動則已，一動則寒熱往來相推，並沒有所謂誰勝誰負，若這一個前提定義已成立。

接著再看「靜」與「躁」這二象，「靜」可將之定義為靜止不動之意，而「躁」則指躁動不已之意。

由於躁之於寒，或靜之於熱，原是兩種不同屬的元素，所以，若沒有先基於何種立場而論，是無法相互比較，而有勝負分別的。因此，所謂「躁勝寒，靜勝熱」，若僅就字面意思而言，其實這兩句話是沒有意義的。

然而，假如有了前述之兩個定義，則「躁勝寒，靜勝熱」，則就可以有如下之意思：當在「躁動不已」的情況下，則寒與熱將會不斷地往來對決，任一方都可能有一時的勝或輸；倘若是在「靜止不動」的情況下，這時寒與熱將因靜止，而不再往來相推相爭，所以也就不會有孰勝或孰負了。

既然若處「躁動」，就會勝負不定，往來紛爭不已；若處「清靜」，則不再有孰勝孰負之爭，一切歸止於安寧太平。由此可推論得知，應捨躁動而就清靜，所以也就有了「清靜為天下正」下一句話的出現。

清靜爲天下正

這一句「清靜為天下正」，是做為上述二句的結語，指清靜守常不爭，因為沒有了孰勝孰輸的認知，天下不再往來紛爭，於是將各歸止其位，故「清靜」猶如能正天下般。

另外，「清靜為天下正」，實是指為政在上者若懂得清靜守常，樸而無為之治道，做到誠正在位，人民將歸復其正，即皆能安居樂業，天下也將安寧太平矣！

第四十六章　天下有道

天下有道，卻走馬以糞；
天下無道，戎馬生於郊。
罪莫大於可欲，
禍莫大於不知足，
咎莫大於欲得。
故知足之足，常足矣！

【解義】

天下有道，卻走馬以糞

「天下有道」，指上位者以清靜守常不爭之道治天下，民風將歸向於純樸，人民可以安居樂業，天下則太平得治。

「卻」，止卻，這裡含有天下不再爭戰紛擾之意。「卻走馬以糞」，原指馬兒不再成為戰馬，競逐奔馳在戰場上，而是被豢養在農村裡用來載運糞肥，引申象徵當天下有道的時候，人民可以安居樂業，不再有兵戎戰事之發生。

天下無道，戎馬生於郊

「戎馬」，指戰馬。「天下無道，戎馬生於郊」，指當天下無道時，兵荒馬亂，人民不聊生，所以原本是用來勞役驅使的馬匹，現在卻被養在城郊外，準備做為征戰之用。

罪莫大於可欲

「罪」，這是用來象徵因民心蠱壞，社會充斥著敗俗傷風。「可欲」，放縱內心的欲望，亦即崇尚奢華，縱情於感官上的聲色享樂。「罪莫大於可欲」，指為政在上者若是崇尚奢華享受，縱情於逸樂，人民也一定會上行下效，競為奢靡，而民心一旦蠱壞，道德將淪喪，社會亦必充斥著敗俗傷風。

禍莫大於不知足

「禍」，指災禍起於內之意。「不知足」，貪財好利不知滿足。「禍莫大於不知足」，指上位者若是貪財好利不知滿足，對人民暴斂橫徵，到處搜括民脂民膏，最後人民一定會群起反抗，盜竊亂賊亦將四起。

咎莫大於欲得

「咎」，咎失或偏差，這裡是指導致災咎之意。「欲得」，欲侵犯、占領之意。「咎莫大於欲得」，指一國之領導者，若是窮兵黷武，時時想干犯侵略他國，最後並不是使國家變得強盛，反而會是弄得民窮財盡，國力日漸衰弱。

故知足之足，常足矣

這一個「知足」，是針對為上位者而講的，指應清靜無為，樸而少欲而常知足之意。此句的第二個「足」字，意指知足之有益，乃真實不虛，猶如其德充足。「常足」，第三個出現的足字，所指的對象是人民，意思是人民能夠安居樂業，故國家社會將常富足。「故知足之足，常足矣」，指為政在上者若能樸而少私欲，以清靜守常治天下，其益至大，民風將歸向於純樸，人民可以安居樂業，生活富足康樂，故「常足矣」！

第四十七章　不出戶知天下

不出户，知天下；
不窺牖，見天道。
其出彌遠，其知彌少。
是以，聖人不行而知，
不見而名，
無爲而成。

【解義】

不出户，知天下

此句表面是指不必走出戶外，就知道天下事。實際上，所謂「不出戶」，這是用以象徵為政在上者最重要的是誠身修己，正位在上，以做為人民之榜樣，即用此誠正之德當治道，而非往此身之外尋求其他治道，故猶如「不出戶」。

「知天下」，由於上位領導者一言一行皆受天下人民所觀瞻，所以上位者之修身與否，將會深深影響社會民風之美惡，因此觀上位者之能否修德，即等同是「知天下」也。

不窺牖，見天道

「闚」，從門之縫隙往外視物。「牖」，窗戶。「不窺牖」，原指不用往外窺視窗外世界，引申象徵為政在上者應該重修德而向內求，時時檢視己言己行，猶如修德而內觀，而不是「窺牖」向外。

「見天道」，原指天道只是中正誠孚運行在上，萬物莫不感其誠孚之德，皆貞隨應和其道而行，這裡是引申指上位者若能誠身正己在位，就會像那中正天道受萬物所「觀見」般，天下人民皆上觀其誠孚之德而順從之。

《易經・觀卦》九五小象曰：「觀我生，觀民也。」「觀我生」，是指九五內觀而反身修德之意。而「觀民也」，則是指九五居位而上，一言一行皆受天下人民所觀瞻，因此觀民風之美惡，其實就等於是在觀九五德行之正否。〈觀卦〉九五爻辭之象，可與本章「不出戶，知天下」與「不窺牖，見天道」兩句互參。

其出彌遠，其知彌少

上位領導者最重要的是做到誠身正己向內觀，隨時反躬自省以去私心，並以清靜無為治天下，才是正確之治道。倘若不知清靜無為之有益，反而是往身外尋求其他方法，則猶如捨近道而求諸遠，不謀易事而求諸難，所謂「其出彌遠，其知彌少」。

是以，聖人不行而知，不見而名，無為而成

「聖人不行而知」，此句非指聖人不必走出戶外，遠行四方，就可以知天下事。本句的「知」指的是人民皆知聖人之德，而所謂「聖人不行而知」，則是指聖人只需做到誠身修己向內求，正其位在上，雖不必行走於天下四方，人民皆知效法順從其誠正之德。

「不見而名」，指聖人反身修德向內觀，以崇高的道德修養做為人民榜樣，即使人民沒有見其人，仍然會實感其誠孚之德，亦即能夠聞知其聖德之名。

「無為而成」，指聖人誠正在位，以清靜無為治天下，人民將效法上之德而知仁尚義，這時毋須再煩其政，誠正無為之治道自然能功成於天下。

第四十八章　為學日益

爲學日益，
爲道日損，
損之又損，以至於無爲。
無爲而無不爲。
取天下常以無事，
及其有事，不足以取天下。

【解義】

爲學日益，爲道日損

「為學日益」，此句含有廣博的學習之意思，只不過這個「學習」，乃強調學習如何進德而日益，是使自己的德業日益精進，而非學習如何求取功名利祿，以滿足一己之私欲。

「為道日損」，人的私心和嗜欲若越多，離道之樸而少私欲就越遠，因此若要「為道」，就應隨時反身修德，減損其私欲。

《易經》〈益卦〉大象傳曰：「君子以見善則遷，有過則改。」〈損卦〉大象傳則云：「君子以懲忿窒欲。」損、益二卦大象傳之旨，實與「為學日益，為道日損」之義相通。

損之又損，以至於無爲

這一個「損之又損」，是指上位領導者應不斷地日進其德，損去私心嗜欲，甚至是必須損去勞民傷財等一切作為，而以樸而無為，清靜守常之道治天下，所謂「以至於無為」。

無爲而無不爲

為政者若能誠身修己，正其位在上，樸而少私欲，清靜守常不妄作，用此「無為」之道以治天下，人民自然地能各盡己責，社會風氣也會走向純樸善良。而當人民能夠安其居，樂其業，社會和諧有次序，治道大行於天下，這時也就猶如是「無不為」也！

取天下常以無事，及其有事，不足以取天下

所謂「取天下」，即治理天下之意。「常」，雖有時常或經常之意，這裡主要是取其規律有常。「無事」，指上位者懂得清靜守常，不窮兵黷武，不好大喜功，故猶如「無事」。

「取天下常以無事」，指為政在上者若想達到治天下之目的，應以樸而無為，清靜守常做治道，輕徭薄賦，撙節用度，不傷財、不害民，人民可以安其居，樂其業，國家社會自然會走向安定繁榮。

「及其有事」，指為政者不能清靜守常，樸而無為以治天下，反而有勞民傷財之妄作。

為政者若是貪財好利而不知足，對人民暴斂橫徵，甚至是好大喜功，屢有兵戎戰事之發生，導致民窮財匱，當然也就「不足以取天下」了！

第四十九章　聖人無常心

聖人無常心，以百姓心爲心。

善者，吾善之，不善者，吾亦善之，德善。

信者，吾信之，不信者，吾亦信之，德信。

聖人在天下，歙歙爲天下渾其心。

百姓皆注其耳目，聖人皆孩之。

【解義】

聖人無常心，以百姓心為心

什麼是「無常心」？所謂「無常心」，可以將它理解為「有常心」的相反。又何謂「有常心」？即有經常之作為之心。換言之，就是有為心，有我之私心之意思。也因此，所謂「聖人無常心」，就是指聖人「無為」之心，即能夠無我無私，視百姓皆俱皆平等，而無遠近親疏之分別心。

「以百姓心為心」，既然聖人是「無為」心，無一己之私心，而百姓則「有心」，所以聖人在天下，當然就是以百姓心為心了。其實，所謂「以百姓心為心」，真正要表達的意思，是指上位者應該以無為、無事治天下，而人民則是各依所志，可以自由地發展，獨立而無所限制的創造。

善者，吾善之，不善者，吾亦善之，德善

這裡的「善者」與「不善者」，不要狹隘的解釋成善良和兇惡之人，而是各代表有才能與能力不高兩種人。「善者，吾善之，不善者，吾亦善之，德善」，聖人之待百姓無分別心，不管是社會上的那一階層或類眾，是能力好的，或能力差者，皆

一視同仁，公平對待，此乃聖人之「德善」。

信者，吾信之，不信者，吾亦信之，德信

這裡的「信者」與「不信者」，不要理解為有誠信和無誠信之人，而是象徵指對於孚信之德「感悟力」的不同程度之分。例如，《易經．中孚卦》彖辭云：「豚魚吉，信及豚魚也。」意思是天道誠孚之德至大，就連豚和魚之屬，也皆能感受其誠孚之德。而所謂的「不信者」，就猶如是指與「豚魚」之類相仿。

「信者，吾信之，不信者，吾亦信之，德信」，聖人無我私之心，中正誠孚以待天下人民，而人民不管智庸賢愚，皆能感其中正誠孚之德，此乃稱聖人之「德信」。

聖人在天下，歙歙為天下渾其心

「歙歙」，向內密合之狀，象徵指對天下人民的照顧是周全而無任何疏漏的。「渾」，原指巨川大河之水流聲，有水流暢盛貌，在此引申指自由奔放的發展，無任何受限。「聖人在天下，歙歙為天下而渾其心」，指聖人之臨保萬民，是周全而無所疏漏的，天下人民皆能獲得上者的德澤照顧。然而人民並不會因此被保護過當，仍然具備自由地創造與寬廣的思維，不會因上者的周全照顧而形成依賴。

《易經・臨卦》大象傳云：「澤上有地，臨。君子以教思無窮，容保民無疆。」君子觀水澤雖然已將土地緊密包圍，但土地仍能自立在水澤之上，並沒有被澤水全部淹沒，於是體會到對人民應做到周全的照顧，但並不會保護過當，人民仍然保有自由創造，以及寬廣獨立的發揮空間，所謂「教思無窮，容保民無疆。」〈臨卦〉大象傳之義，與本句意思相通。

百姓皆注其耳目

所謂「注其耳目」，是指耳目聰明之意，在此是引申象徵民智獲得開啟。「百姓皆注其耳目」，指百姓在聖人的德澤臨保照顧，與中正之德的引領下，民智將獲得開啟，不再封閉無知，猶如耳目聰明般。

聖人皆孩之

「孩」，孩童，這裡是取象孩童需要大人的從旁呵護與教導之意。「聖人皆孩之」，指聖人之臨保百姓，就像在照顧和教導孩童般，在給予妥善的保護和照顧之同時，也要讓他有機會獨自面對困難和環境挑戰，使他能盡快地學習成長與自立。

第五十章　出生入死

出生入死，
生之徒十有三，死之徒十有三。
人之生，動之死地，亦十有三。
夫何故？以其生生之厚。
蓋聞善攝生者，陸行不遇兕虎，入軍不被兵甲。
兕無所投其角，虎無所措其爪，兵無所容其刃。
夫何故？以其無死地。

【解義】

出生入死

此句意指同樣是遇到凶險災難，有些人能夠順利出險而生，有些人卻無法擺脫險難，最後落入死地而亡。

生之徒十有三，死之徒十有三

當遇到險難時，若先不論個人主觀上努力的多寡，而純就客觀上之或然率來計算，能夠幸運脫險而生的，即「生之徒」的，大約會有三成的機率，而無法倖免於難，入於死地的，即「死之徒」的，大概也會有三成的比例。

人之生，動之死地，亦十有三

「人之生」，這是指能順利生存下來之意。「死地」，指可能導致死亡的危險之地。同樣是動於凶險之地，雖然有些人是靠一時的幸運而得以免去死難，但還是大約有三成的人，並非靠著個人的幸運，卻總是有辦法順利脫險而出，不被險難給吞噬，所謂「人之生，動之死地，亦十有三」。

夫何故？以其生生之厚

「生生」，這是形容能夠一次又一次的「出生」，即順利出離險難而生。而這一個「厚」之象，是指一層又一層的防備措施，故像是「厚」。為何遭遇到重重的險難，卻能一次又一次的順利避開死地？這是因為這些人懂得恐懼修省而不妄作，能夠預先做好層層的防備措施，所謂「以其生生之厚」之故也！

蓋聞善攝生者，陸行不遇兕虎，入軍不被兵甲

這個「善攝生」，雖是指善養生之意，但並非專指在攝食健身等方面的生養，而是強調知恐懼修省，遠離險地，不魯莽躁進，而得保全其身。正因為懂得「善攝生」之道，所以當在行走陸地上，能夠避開兕虎之凶險，即使身處在亂軍之中，也能順利全身而退，不被兵器所傷害。

兕無所投其角，虎無所措其爪，兵無所容其刃

雖然遭遇到犀牛尖角的衝撞，面對老虎利爪的威脅，以及身處兵荒馬亂的險地當中，卻都能順利化險為夷，全身而退，這是因為「善攝生」之故也。

夫何故？以其無死地

為何遭逢險難，卻可以一再地順利脫離死地而不亡？這是因為懂得恐懼修省，知思患預防，已事先把一切可能的危險皆考慮周全，並做好相對應的防備措施，所以凶險也就沒有任何可乘之機，「以其無死地」之故也！

《易經・震卦》大象傳云：「洊雷，震。君子以恐懼修省。」在面對一次又一次的震盪危厲，君子學習到了如何知懼和預防，因此，待再次面對另一更大的震盪危機，因早有了防範，故能免去險難。〈震卦〉大象傳所云，可與本章之義互參。

第五十一章　道生之

道生之，德畜之，
物形之，勢成之，
是以萬物莫不尊道而貴德。
道之尊，德之貴，夫莫之命而常自然。
故道生之，德畜之，長之，育之，
亭之，毒之，養之，覆之。
生而不有，爲而不恃，長而不宰，
是謂玄德。

【解義】

道生之

這一個「道」，在此可以指是那一個能始生天地的道，或是指由玄德所生出，那一條變化流行的晝夜、寒暑之道。因此所謂「道生之」，指玄德將會生生善長，於是有了天地運行之道的生成，而這條晝夜、寒暑規律之道，又會復始循環，變化雲雨，德澤利益在下萬物。

德畜之

所謂「德畜之」，是指玄德獲得蓄積之意，這裡是針對地道而言，指地道因知恆順承天道，使得原本含藏在內的玄德獲得發揚，並蓄積成厚德載物之功。

物形之

欲瞭解何謂「物形之」，可以藉〈乾卦〉彖辭「雲行雨施，品物流形」之象，來輔助說明。所謂「雲行雨施」，是指天德有雲行雨施之德澤利益。「品物流形」，「品物」是指各類萬物，「流」是指天德亨通流行、澤被萬物，而「形」則是指「物之形」，即萬物生長繁榮之貌。

既然「雲行雨施，品物流形」之象已得，則何謂「物形之」，意思也就不難瞭解了。「物形之」的物，同「品物流行」的品物，而「形」就是指流形，故所謂「物形之」，即指玄德變化生出日照雲雨之德澤，將利益各類萬物，而萬物則是在天德的施益下生長繁榮。

勢成之

欲瞭解何謂「勢成之」，同樣地，也可以利用〈乾卦〉彖辭「大明終始，六位時成」之象來輔助說明。所謂「大明終始」，是指乾天之道至大，至中正，至光明，其道之動進，終始循環。而「六位時成」，指晝夜與四時寒暑這六時位，每一時刻皆不失剛健中正之德，也因此每一步也皆能動進獲功。

至於，「勢成之」如何對應到「大明終始，六位時成」？這個「勢」可理解為得時位之正，即猶如「得勢」之意；而「成」者即等於「六位時成」的成。因此所謂「勢成之」，指玄德所變化生成的晝夜、寒暑之道，因具備剛健中正之德，故其道之動進，規律有節，恆久運行而無任何差忒，猶如其動進之勢，皆成而獲功。

是以萬物莫不尊道而貴德

此句中的「道」，是指晝夜、寒暑中正規律之道，而「德」則是指地道頤養承載萬物之德。至於，萬物為何「尊道而貴德」？這是因為天道將以其誠孚信實，中正規律之序引領萬物，而地道則可以頤養承載萬物，萬物則是在天施地生之利益下獲得繁榮，故萬物莫不尊道而貴德。

道之尊，德之貴，夫莫之命而常自然

天道中正誠孚，規律有節，尊位在上，地道清靜守常，頤養生長萬物並不居功，而萬物莫之命，皆知順隨天地之常道而行，並自然地成長繁榮於天地之間，所謂「常自然」之義也！

故道生之，德畜之

這是本章第二次出現「道生之，德畜之」，首句是在表達玄德始生天地這一義，而此處主要是在強調天地有生養萬物之德這一義，即玄德在生出天地之道，未來乾天以其中正誠孚之道引領萬物，坤地則有頤養承載萬物之德。

長之，育之

天道有日照雲雨之施益，地道有頤養承載之德，天地之道能生長化育天下萬物。

亭之

「亭」，郵亭表之意，而「郵亭表」是古人行旅時，沿途休息的留止處。至於，為何會有「亭之」之取象？其實，這是用以象徵天道雖有日照雲雨之德澤，但萬物必須順隨四時規律之序而動，循著春夏秋冬季節之更迭，猶如行旅般一站站成長前進，才能順利獲取各季節之天德施益。

《易經・屯卦》初九爻辭曰：「磐桓，利居貞，利建侯。」「磐」是指穩固的大石，而「桓」則指「郵亭表」。其實，屯卦初九爻辭的「桓」之象，即與這個「亭」字意思相通。而屯卦初九爻辭之象，是指做到如磐石般深扎根基，又能如行旅般一站站次序遞進，也就是如「建侯」般，一步步做好布局之工作。所謂「亭之」，與屯卦初九爻辭之象，二者有相通之處。

毒之

「毒」，毒害意，可引申指傷害或阻礙之意。例如，《易經・噬嗑卦》六三爻辭有「遇毒」之象，意指遇到傷害或險阻。「毒之」，象徵萬物屯生初始時，因稚嫩柔弱，未來的成長道路將會遇到諸多險難和阻礙。然而萬物若懂得順隨中正天道而行，就可在天道的中正引領，與地道的頤養下，順利克服其間的重重險難。

《易經·屯卦》六二爻辭云：「屯如邅如，乘馬班如」，意指萬物初始生長因稚弱，將會遇到重重險難，然而若能得到如剛健壯馬般的中正天道之引領，將可一季季順利茁壯長大。屯六二爻辭的「屯如邅如」之象，實與這個「毒之」意思相通。

養之，覆之

所謂「養之」，是指地道有頤養生長萬物之德。

所謂「覆之」，是形容天德之臨保照顧萬物，周全無所疏漏，也就是「天無不覆，地無不載」之意思。

生而不有

天地雖有頤養生長萬物之功，並不求萬物任何回報，其德乃無我私以利益萬物，猶如雖「生之」，卻不居其功。

爲而不恃

天道之臨保頤養萬物，只是做到中正誠孚在位，規律定出四時之序，公平行其日照雲雨之施益，萬物則是自由地成長，各自努力獲取所需的頤養，猶如天道不必干涉萬物如何成長，而萬物皆自然繁榮。

長而不宰

天道中正誠孚，規律運行在上，萬物皆主動貞隨其道而行，天道並非藉由尊高在上之勢位以宰制萬物，萬物是自然地順服之。

是謂玄德

本章也是在解釋何謂「玄德」，相較於第十章對玄德的解釋，本章多著重在玄德生長化育萬物這一義，研讀時二章可互參。

第五十二章　天下有始

天下有始，以爲天下母。

既得其母，以知其子；

既知其子，復守其母，沒身不殆。

塞其兑，閉其門，終身不勤；

開其兑，濟其事，終身不救。

見小曰明，守柔曰強；

用其光，復歸其明。

無遺身殃，是謂習常。

【解義】

天下有始，以爲天下母

所謂「天下有始」，是指從這個稱「無名」的道，開始生出了「有」，即玄德始生天地之意。

「以為天下母」，指當玄德生出天地之後，接著這個稱「有名」的天地之道，將會繼續生生變化不已，然後生出晝夜與四時寒暑，再生出天上飛的，地下爬的各類萬物。

既得其母，以知其子

本句與下一句所出現的「母」、「子」之取象，這是藉母生子的繁衍之象，以說明玄德生生不息之義，以及在這生生不已的過程中，又能常保損益盈虛，中道平衡。

由於母會生子，而一旦母開始生子，就表示接下來總體數量將會逐漸增加。因此，所謂「既得其母，以知其子」，意指做為玄德象徵的母開始生生不已，表示未來數量將會因子的生出，而不斷地增加擴大，乃至有了餘裕。

既知其子，復守其母，沒身不殆

所謂「既知其子」，是指有了新生增益的下一代。而「復守其母」，則是指隨著時間之進，雖然母將會逐漸老去，但因已順利孕育後代，所以未來子將會取代母，這就是為何稱「復守其母」之理。同時，整個大全體也因在這有一益、以及一損的過程中，常保持損益平衡。

「沒身不殆」，指舊的、弱的雖損去，即猶如「沒了身」，但新的、強的卻已及時增替，於是就在這汰弱換新的過程中，使得全體常保在既新生進步，又和諧平衡的狀態，故「不殆」。

《易經．損卦》六三爻辭曰：「三人行，則損一人；一人行，則得其友。」意思是若「二」數是用來象徵中道平衡，則爻辭中的「三人行」之象，相對於「二」，表已有餘一人，所以這時可「一人行」，即一人離去，可損去一人之意思。

相對地，倘若只有「一人行」，一人單獨而行，表示這時尚不足一人，所以得及時「得其友」，另補一人，才能讓整體保持在「二」之平衡態。觀〈損卦〉六三爻辭之象，與本章「既得其母，以知其子；既知其子，復守其母，沒身不殆」，兩處之取象有著異曲同工之妙，可彼此互參。

塞其兌，閉其門，終身不勤

「兑」，兑流，含有兑損、損去之意。「塞其兑」，封止住不使流出損去，象徵玄德雖然生生不已，變化生出天下，卻完全不損玄德半分，猶如取之不盡，用之不竭般。

「閉其門」，關閉其門不使出，象徵玄德雖然不斷地變化生出，但玄德卻猶如仍能守住其內般，並未有任何受損。

「終身」，全身。「勤」，勞之意思。「終身不勤」，指玄德雖始生天地，變化晝夜四時，妙生萬物，如此勤勞用事，卻仍然不曾勞損其根本半分。又，玄德雖然不斷地變化生出，但天地之間卻依然常保和諧平衡，並不會因為玄德的生生不已，而造成盈滿太過。之能如此，是因為在這生生增益的過程中，也會同時損去疾疵腐舊。

開其兌，濟其事，終身不救

「開其兑」，開啟兑流，即將不斷地往外流失損去之意。

「濟」，濟助、益助，取其增加、加重之意。「事」，指「有事」，與第四十八章的「及其有事，不足以取天下」的有事意思相同。「濟其事」，指不懂得撙節用度，反倒是好大喜功，習慣於奢侈浪費，或指不知清靜守常之有益，反而諸多「有為」

之妄作。

「終身不救」，指若持續地向外流失損去，或是不知撙節用度而奢侈浪費，卻又無法得到增益，最後就會傷及根本，乃至無法救助。

見小曰明，守柔曰強

這個「小」，在此要理解為弱小、柔弱或疾疵之意。「見小曰明」，若僅就字面解釋，是指連微小處都看得清楚，表示具備了明之能力。其實，所謂「見小曰明」，主要是在強調「見小」這一義，即發現弱小或疾疵。

「守柔曰強」，若僅就字面解釋是指守住柔弱，是因為它強。但，既然已經是「柔弱」了，為何還會稱它是「強」？這是因為前句的「見小曰明」是指發現柔弱或疾疵，而「守柔曰強」則是接上句而來，意思是指把那些疾弱的部分挑出，並將之淘汰，然後代之以新、強。換言之，將疾弱的部分淘汰掉，至於那些相對較強的部分則是會被留下。

其實，所謂「見小曰明，守柔曰強」，主要是用來表達新舊更迭交替之義，即適時把舊的、疾弱的損去，然後代之以新與強。

用其光，復歸其明

這個「光」，可以指燃燒後所生出的光。故所謂「用其光」，是指燃燒後發出了光芒，表示將會有部分物質損去而變成灰燼。

「復歸其明」，指在經過燃燒後，已有部分物質被損去而成灰燼，所以接下來就必須要有新物質加添進來，才能保持原有的光明亮度，也就是所謂的「復歸其明」。

其實，「用其光，復歸其明」，在此同樣也是在表達新舊更迭之義，因為當舊的、疾弱的被損去之後，若能立刻代之以新與強，就可以常保整體的和諧平衡，且更加進步向前。

無遺身殃，是謂習常

「無遺」，沒有亡失或損去之意。「無遺身殃」，指倘若只有不斷地生出，卻沒有相對地損去，適時把一些舊的、疾弱的淘汰掉，則這種持續的繁衍生出，就只會為整個大全體帶來災殃而已。

「習」，字象原是指鳥數飛，即幼鳥屢次振羽學飛之意。由於幼鳥力弱，振翅習飛時會是一高一低，上上下下起伏不定，而這也像是水之流行，將隨著地面的高低而上下起伏。例如，《易經．坎卦》卦辭就有「習坎」之象，也是取此象徵意思。

因此，本句中所出現的「習」字，就是取此上下起伏之象，並引申指出入損益之義，即一增益、一損去之過程，猶如高低起伏。「常」，規律有常，即常保中道平衡之意。

「是謂習常」，指由道所生出的這個宇宙天地，雖然將會源源不絕的創造與新生，卻也因能夠及時損去其腐舊、疾弱，所以才能讓整個大全體，得以常保在既中道平衡，且又日新進步。

第五十三章　使我介然有知

使我介然有知，行於大道，惟施是畏。
大道甚夷，而民好徑。
朝甚除，田甚蕪，倉甚虛；
服文綵，帶利劍，
厭飲食，財貨有餘，
是謂盜夸。
非道也哉！

【解義】

使我介然有知，行於大道，惟施是畏

「介」，穩固而直立，在此除指有深刻的瞭解之意思外，同時也含有人民乃邦國之穩固基石之意。「使我介然有知」，若僅就字面可以簡單的解釋成——我將深刻地瞭解到它的道理。當然，所謂其中之「道理」，就是指人民乃邦國之本，因此，必須讓人民可以安居樂業。

「行於大道」，這個所行的「大道」，是指最上之治道，即法天道作為以清靜守常，樸而無為治天下。

「施」，指國家財政方面的相關施用作為。《易經・屯卦》九五小象傳「屯其膏，施未光也」的施，與這個施意思相同。「畏」，畏民志之意。因為，民為邦本，本固則邦寧，所以為政者當知時時「畏民志」，不可拂逆民志而為。「惟施是畏」，指為政在上者要懂得樸而無為之治道，不傷財，不害民，撙節用度，不會奢侈浪費，或好大喜功，並懂得順應民志，而以民志做為施政之依歸。

大道甚夷，而民好徑

「夷」，因為「視之不見曰夷」，所以夷含有「看不見」之意。至於，是什麼「看不見」？這是指樸而無為之治，就好像是不見有治道之存在。「大道甚夷」，由於天道是隱而無名，而最上之治道乃樸而無為，所以「大道」就像是看不見，故稱「甚夷」。

「徑」，小徑，引申指簡政輕賦之意。「民好徑」，指人民希望輕徭薄賦，生活可以安居樂業，而害怕暴斂橫徵的苛政。

朝甚除，田甚蕪，倉甚虛

「朝甚除」，指宮殿修葺得極為富麗堂皇。「田甚蕪」，指人民的田園荒蕪，衣食不足。「倉甚虛」，指國庫倉廩空虛。

服文綵，帶利劍

「服文綵」，服飾穿著華麗，形容上位者注重奢華享受。「帶利劍」，利劍是指武器，而「帶利劍」在此引申為窮兵黷武，恣意啟動戰事。

厭飲食，財貨有餘

「厭飲食」，指即使面對豐盛的菜餚，也難以挑起食慾，這是形容上位者貪求口腹之欲。「財貨有餘」，這是形容稅賦沈重，極度地剝削民脂民膏。

是謂盜夸

「盜」，劫盜人民之意。「夸」，驕奢誇耀。「是謂盜夸」，指上位者若是奢侈浪費，多貪欲，又好大喜功，最後一定會對人民橫征暴斂，並導致民窮財匱，人民流離失所。

非道也哉

上位領導者不知誠身正己，以樸而無為做治道，反而窮奢極侈，好大喜功，甚至是窮兵黷武，因為這將與清靜無為的大道相背而行，所以是非道也哉！

第五十四章　善建者不拔

善建者不拔，
善抱者不脫，
子孫以祭祀不輟。
修之於身，其德乃眞；
修之於家，其德乃餘；
修之於鄉，其德乃長；
修之於國，其德乃豐；
修之於天下，其德乃普。
故以身觀身，以家觀家，
以鄉觀鄉，以國觀國，以天下觀天下。
吾何以知天下然哉？以此。

【解義】

善建者不拔，善抱者不脫

「建」，根基的建立之意。「善建者不拔」，指良好的根基，是難以被拔起的。其實，此句是在形容天道剛健中正，誠孚信實之德，就像是深厚的根基，因此不管晝夜、寒暑是如何更迭變化，內在中正誠孚之德，則恆不改常，同時其道之運行也能恆久無差忒。

「善抱者不脫」，表面指善於圍抱將不容易被脫開。事實上，所謂「善抱者不脫」，是形容天道中正誠孚之德至大，萬物皆應和貞隨其道而行，猶如其道善得萬物之環抱。

子孫以祭祀不輟

此句表面意指子孫後代繁衍昌盛，故可永享祭祀不輟。事實上，所謂「子孫以祭祀不輟」，這是形容天道因為具備中正誠孚之厚實根基在內，故外有四時季節之渙廣流行，以及德澤繁榮萬物無有窮盡，亦即將有源遠流長之功隨之之謂。

另外，上述諸句之義也可引申指為政在上者之法天德作為，也就是若能做到誠身修己，正位在上，將會像那擁有深厚根基的至誠天道般，其德之功將如渙廣流行般往四方擴散出去，即如《大學》所云，從誠正修身做起，最後可達至治國平天下之功。

修之於身，其德乃眞

「真」，真誠信實，精粹不雜。「修之於身，其德乃真」，指若是做到身修，則其德乃真誠信實，即能誠其意，正其心。換言之，所謂修身之要，是在於隨時覺知一己之起心動念，而能誠正其意，並減少內在之私心嗜欲，使自己之言行合禮中節而不過。

修之於家，其德乃餘

「餘」，有餘裕之意，同「積善之家必有餘慶」的餘。「修之於家」，意思與《大學》的齊家相同。而所謂「其德乃餘」，是指必先正其家道而六親和睦，未來才能由內而外，推己及人影響至其他人。否則其家不可教，豈能教人？畢竟能盡孝者，未來才能知事君；能友愛兄弟，未來才知事長；能慈愛，未來才知如何使眾。

修之於鄉，其德乃長

「長」，長幼有序之意。「修之於鄉，其德乃長」，指若是達到一鄉之修，則鄉里間將會是民風純樸，人們懂得敬老尊賢，慈愛幼小，恪守本分，禮讓而和睦。

修之於國，其德乃豐

「豐」，富盛豐實皆齊滿之意，這是象徵天下每一鄉、每一家皆能齊其家道之意思。「修之於國，其德乃豐」，指因國是由無數個家與鄉所組成，所以若欲達到一國之修，即《大學》所云的國治，則各家須先正其家道，各鄉之民風則皆純樸，自然地整個國家就會走向修而得治。

修之於天下，其德乃普

「普」，指仁義之德普遍施行於天下之意。「修之於天下，其德乃普」，所謂「修之於天下」，與《大學》所云的平天下意思相同，而當達到「天下平」的境界，將會是仁義之德普施於天下，人民知仁尚義，人人皆有仁愛之心，彼此和睦互利。

故以身觀身

此句的第一個「身」，是指自身、自己。而所謂「觀身」，是指自省或內觀之意，即時時檢視一己之起心動念，能否誠其意，正其心。「以身觀身」，指自己隨時內觀己身的起心動念，能夠謹其言，慎其行，閑邪而存其誠。

以家觀家

因為家是由父母、兄弟、夫婦等眾成員所組成，所以此句的第一個「家」，其實是代表家庭中的所有眾成員之意。而第二個「家」，則是指家道之意。「以家觀家」，指若觀察家庭中眾成員皆能扮演好自己角色，盡到該盡之責，即若能父慈，子孝，六親彼此和睦相處，則家道定能興旺。

《易經・家人卦》彖辭云：「父父，子子，兄兄，弟弟，夫夫，婦婦，而家道正。」意思是父子、兄弟、夫婦皆知盡己之責，則家道自然得正。〈家人卦〉彖辭所云，與「以家觀家」意思相通。

以鄉觀鄉

因為鄉是由眾多家庭所組成，所以此句的第一個「鄉」，就是代表鄉里間的這些眾家庭之意。而第二個「鄉」，則是指一鄉風俗的善良與否。「以鄉觀鄉」，指若觀察鄉中的每一個家庭，皆能正其家道，父母盡到應盡之責，子女孝順父母，兄弟間則兄友弟恭，就可知道此鄉有著純樸民風。

以國觀國

同樣地，國是由無數個家及鄉所組成，所以，只要觀察人民能否豐衣足食，安居樂業，齊其家道，各鄉、各地域之民風是否純樸善良，就可以瞭解這個國家之得治與否？

以天下觀天下

此句的第一個「天下」，是做為君主的代稱，即專指這位目前正在領導管理天下的上位者。而第二個「天下」，則是指這個被治理的國家及其人民。「以天下觀天下」，指上位領導者若能誠正在位，樸而少私寡欲，以做為人民榜樣，天下人民上觀皆效仿之，也修其身，講誠信，仁愛彼此，自然地仁義之道將行於天下。

《易經・觀卦》九五小象曰：「觀我生，觀民也。」身為上位領導者的九五，一言一行無不受天下人民所觀瞻，因此觀民風之美惡，仁義之道能否施行於天下，其實只要觀九五是否做到誠身正己在位即可知。〈觀卦〉九五爻小象傳之旨，實與「以天下觀天下」意思相通。

吾何以知天下然哉？以此

「以此」，因為彼是代表他或外，而此指我或內之意，所以這個「以此」，就是指自我內觀與反身修德之意。

由於天下或一國是由無數個別的「家」所形成，而家則又是由眾家庭成員所組成，因此，若欲使國家正邦安定，揆其根本，就是每個人皆能做到反身修德。因為上位者誠正在位，人民上觀皆效仿之，於是所有個人都能身修與正其責，自然地，也就可以齊其家，乃至治其國，安定天下。是故吾何以知天下然哉？「以此」。

又，所謂「以此」者，也與《大學》所云：「自天子以至於庶人，一是皆以修身為本」意思相通。

第五十五章　含德之厚

含德之厚，比於赤子。

毒蟲不螫，猛獸不據，攫鳥不搏。

骨弱筋柔而握固。

未知牝牡之合而全作，精之至也。

終日號而不嗄，和之至也。

知和曰常，知常曰明，

益生曰祥，心使氣曰強。

物壯則老，是謂不道，不道早已。

【解義】

含德之厚，比於赤子

「含德之厚」，形容天地之德澤至厚、至廣大，這是因為天道有日照雲雨無窮之施益，地道則博厚廣大，能頤養承載天下萬物。

「比」，原指比擬意，即如同赤子般至純潔，這裡主要是取其比附意，即比附貞隨天地之道而行之意。「赤子」，嬰兒雖性純潔而無雜疵，卻也需要大人從旁臨保照顧，才能順利長大成人。「比於赤子」，表面意指如同赤子般純潔無欲求，實即是象徵天地之德乃深厚廣大，其臨保萬物，猶如照顧赤子般周全，然而萬物亦須懂得比附貞隨天地之道而行，才能順利獲取天地之德澤而茁壯長大。

毒蟲不螫，猛獸不據，攫鳥不搏

毒蟲、猛獸、攫鳥至兇猛，赤子柔弱毫無抵抗能力，若就自然界的現實狀況而言，赤子是不至於不會遭受毒蛇猛獸的螫咬和傷害。然而為何老子在此會說：赤子不會被毒蛇猛獸等兇殘動物所搏殺呢？其實，這裡只是在隱喻若懂得順承天道而行，就能獲得天德的臨保照顧，故雖然於成長環境中遇到諸多險難，也能順利涉險度過。

《易經・屯卦》彖傳曰：「屯，剛柔始交而難生，動乎險中，大亨貞，雷雨之動滿盈，天造草昧，宜建侯而不寧。」「屯」，字象像幼芽從泥土中萌生而出之形，含有物始生稚弱之意。而所謂「剛柔始交而難生，動乎險中……」等句，則意指萬物屯生初始，雖然稚嫩柔弱，生長過程將遭遇諸多險難，但是萬物若懂得順隨四時規律之道而行，就可在天德日照雲雨的施益照顧，以及中正引領之下，順利克服險難而逐漸茁壯長大。〈屯卦〉彖傳所云，可以做為前述之說明。

骨弱筋柔而握固

嬰兒雖然筋骨柔弱，但小手握緊時卻很牢固。之所以如此，這是因為嬰兒全身猶如「專氣致柔」一般，是整體均勻，無有凹凸缺陷處，故其動作或施力，骨節不僵而周身一體。其實，所謂「骨弱筋柔而握固」，這是象徵萬物屯生初始，雖然稚幼柔弱，在其生長過程，卻能緊緊貞隨天道四時剛健動進的步伐，隨春夏秋冬季節遞進之序而行，所以就像是「握固」一般。

未知牝牡之合而全作，精之至也

「牝牡之合」，牝是母，牡是公，牝與牡相交合，指的是人世間情欲之事。「全作」，全是周全之意，而「全作」是指能完全合於天地自然運作之理。「精」，精純無任何雜疵。「未知牝牡之合而全作，精之至也」，指嬰兒性純潔未受染雜，不懂得人世間之事，也未受人世間之情欲所染著，雖有欲求，卻一本自然，餓了就哭，睏了就睡，並無任何的虛偽造作，故其性乃精純之至。

其實，所謂「未知牝牡之合而全作，精之至也」，這是隱喻萬物屯生初始稚弱，未來的成長過程，將會順隨這條天地至誠之道而動，亦即不管是天道晝夜、寒暑之運行，或是萬物的生長作息，完全是本乎自然而然，天地與萬物上下之動，均無絲毫之雜疵或造作，可說是「精之至」。

終日號而不嗄，和之至也

「和」，雖含有嬰兒身體柔順氣和而無滯礙之意，在此主要是取其應和之象，即萬物將應和順隨天道之動而動。「終日號而不嗄，和之至也」，指嬰兒雖然啼號終日，但聲音依然不啞，這除了因嬰兒體至柔而氣和暢外，同時也因其氣力之出，均勻用力而毫無滯礙處。

其實，所謂「終日號而不嗄，和之至也」，這是隱喻萬物雖屯生稚弱，卻能應和貞隨天道規律之序而動，順隨著季節寒暑之更迭，而調整其生長作息，其間並無任何之延遲或懈怠，可說是「和之至」。

知和曰常

「和」，同上句之和字，指應和意。「常」，規律有常之意。「知和曰常」，指萬物之所以皆知應和天道而行，這是因為天道具備誠孚信實、規律有常之德，所以才會得到萬物的應和貞隨。

知常曰明

「明」，明白、知道。「知常曰明」，指萬物因知應和貞隨天道規律之序而行，得以順利行走在正而不偏的常道上，並獲得天德的臨保照顧，故萬物猶如「明而有知」一般。

益生曰祥

此句除指天道有利益生長萬物之德外，同時也包含字義解釋，亦即「祥」可代表「益生」之意思。當然，祥是指益生，相對地，若是「不祥」，也就含有損傷之意。例如，兵者為不祥之器。

心使氣曰強

心動則氣動，氣一動則身體骨肉就跟隨著動，「心使氣」之謂。「心使氣」，在此含有心與行合一，即志行合一之意。心有所志，行能至之，才是真有志，也才算是「強者」，「心使氣曰強」之謂。

另外，「心使氣」的周身連動之義，亦可用來說明何以赤子能「骨弱筋柔而握固」，以及「終日號而不嗄」。

物壯則老，是謂不道，不道早已

本章首句有赤子之象，末句則謂壯與老，合此兩處是隱喻物從屯生開始，再到茁壯長大，然後年老逝去，這是一種自然變化的過程，也是無法更易的道理。所以，物若是懂得順應天道之理以生長，一本自然而動，也就能安其性命，自然地生活於天地之間。

相反地，若不知順道而行，以為能夠常保其壯，自恃此時之壯而恣意妄為，反而會因此加速其衰亡，是謂「不道」。而物若是「不道」，不道則「早已」，將加速走向敗亡也！

第五十六章　知者不言

知者不言，言者不知。
塞其兌，閉其門，
挫其銳，解其紛，
和其光，同其塵，
是謂玄同。
故不可得而親，不可得而疏；
不可得而利，不可得而害；
不可得而貴，不可得而賤。
故爲天下貴。

【解義】

知者不言，言者不知

何物是知者不言，言者不知？道也！玄元也！

由於道是「不可道」的，是「不可名」的，所以能道的，只是它的形容，可以名的，就只有它的象。因此，真正知道「道」的人，會瞭解並無法藉由語言文字確切解釋清楚它。而自認為懂得道的人，說他知道「道」是什麼，甚至說他就是道的化身，是道的代表，其實是「不知」的。

而若欲瞭解「道」是什麼，則惟有身體力行去實踐道的道理，所以是「不言」的。倘若，就只會空說道，卻不願真正篤行實踐道，就永遠是「不知」的。

塞其兌，閉其門

這兩句同樣出現於第五十二章，含有塞閉在內，不使流出損去之意，皆是用以形容玄德雖然生生不已，變化生出天地萬物，然而卻完全不損玄德半分，猶如取之不盡，用之不竭。

挫其銳，解其紛

「挫其銳」，形容玄德亨通流行於天地之間，其德無所不至，無所不及，猶如周遍而圓滿。

「解其紛」，形容玄德所變化生出的天地、晝夜寒暑之道，以及各類萬物，是如此的規律有節，井然有序，與各得繁榮，完全不會有任何紛亂失序之情形發生。

和其光，同其塵

「和其光」，指由玄德所生出的乾天四時之道，是一條規律運行，復始循環，中正光明的大道，萬物皆應和貞隨此中正規律之道而行。

「同其塵」，指坤地因懂得順承天道，知偕中正天道而行，使得含藏在內的玄元獲得發揮，終蓄積成博厚廣大，頤養資生萬物無窮。

是謂玄同

玄，玄德也，道生生之德也。「同」有兩層含意：一是指「同出」，即指天地與萬物皆是由此玄德所生出，猶如系出同源；另一指「同而平等」，即道或玄德之視萬物，乃同而無差別，不管是百姓、萬物，甚至是芻狗，皆一視同仁。

故不可得而親，不可得而疏

由於道是無私偏、無私益的，是中正公平以待天下萬物，所以，也就不會有遠近親疏之別。正因為無親疏之差別，所以就既不落於親，也不落於疏，猶如親與疏二者，皆「不可得」也。

不可得而利，不可得而害

「利」是指利益或盈溢之意，而「害」則是指損害或消滅。由道所生出的晝夜寒暑之道，以及日照雲雨之施益，將偕時節之不同而往來推移、盈虛消息。所以，道何時該「利而盈之」？何時又該「損而消之」？是難以預測的，惟有知與時偕行。而由於道之盈虛消息，實乃變動不居，故猶如對於下一刻應做如何的變化，是「不可得」的。

不可得而貴，不可得而賤

道之利益天下萬物，從不求任何回報，所以具備「無我」之德。既然道是無我無私，也就沒有所謂貴或賤之身可被稱呼，故不可得而貴，不可得而賤，貴、賤皆不落也！

故爲天下貴

道無我、無私，利益萬物不求任何回報，中正以觀天下，視萬物並無親疏之別；然而天下萬物卻皆得而親之，樂比附貞隨之，故「道」可為天下貴。

第五十七章　以正治國

以正治國，以奇用兵，以無事取天下。
吾何以知其然哉？以此。
天下多忌諱，而民彌貧；
民多利器，國家滋昏；
人多伎巧，奇物滋起；
法令滋彰，盜賊多有。
故聖人云：
我無爲，而民自化；
我好靜，而民自正；
我無事，而民自富；
我無欲，而民自樸。

【解義】

以正治國，以奇用兵，以無事取天下

「以正治國」，指為政在上者以誠正無為之道治理國家，人民能安其居，樂其業，自由地創造和發展。

「以奇用兵」，此句不要理解成用兵時以善用詭術，藉由奇襲或奇道而獲勝。「奇」者，有餘也，不正也。故所謂「以奇」，相對於「無為之正」，就是「有為而偏」也，即欲藉巧智聰明或嚴苛律法等手段，以統治或威嚇人民。至於這個「用兵」，雖然是與軍事相關，但其實是象徵窮兵黷武，損耗民財人力之意思。

「以無事取天下」，指上位領導者不會好大喜功，損害民財和物力，撙節用度，不奢侈浪費，人民自然會逐漸走向富足康樂，是以「取天下」。

吾何以知其然哉？以此

此句與第五十四章的末一句近似，意思其實也無差異，重點皆是在「以此」之象，指上位領導者最重要的是做到誠身修己，以做為萬民效法之榜樣；同時懂得清靜守常，樸而無為之治道，民風自然會變得純樸知足，國家社會也會走向和諧安定。

天下多忌諱，而民彌貧

這個「忌諱」，非指限制或影響人民生活作息的禁忌，而是指古代政府設立用來抽貨物稅的關卡。「天下多忌諱，而民彌貧」，為政者若是對人民橫賦暴斂，設立許許多多的苛捐雜稅，最後一定會造成人民越貧窮，生活越來越困苦。

民多利器，國家滋昏

「利器」，指兵器之意。「滋昏」，形容迷失其道，也就是將一步步走向衰亡也。「民多利器，國家滋昏」，一個國家若人民皆兵，表示上位者定是個窮兵黷武者，而國家若是好戰而連年征伐，人民不得休養生息，未來整個國家就會變得民窮財盡，一步步走向敗亡。

人多伎巧，奇物滋起

上位領導者若是窮奢極侈，人民亦必群起效尤，社會風氣將日趨浮華，眾人競相誇示財富，各式奇伎淫巧滋起，然而道德卻越淪喪，廉恥之心則越蕩然。

法令滋彰，盜賊多有

一個國家若是需要制定繁多法令，以及藉由嚴刑峻罰來威嚇和統治人民，就表示這個國家已經民不聊生，人民不得不挺而走險，以求得溫飽。

故聖人云：我無爲而民自化

上位領導者懂得無為之治道，能夠誠孚信實，中正無私在上，人民將上觀而效仿之，民風自然會逐漸走向敦化善良，這時也就不必制定繁多的法令，防範人民作奸犯科。

我好靜而民自正

上位領導者懂得清靜守常不爭之治道，不會窮兵黷武，不侵略干犯他國，人民就可以安定生活，不會流離失所。

我無事而民自富

上位領導者懂得輕傜薄賦之治道，不會好大喜功，不勞民，不傷財，人民獲得充分的休養生息，生活也就會逐漸走向富足安樂。

我無欲而民自樸

上位領導者懂得樸而少私寡欲之治道，不會崇尚奢華，不貪求聲色享樂，民心自然會受上位者之影響，變得儉樸而知足。

第五十八章　其政悶悶

其政悶悶，其民淳淳；
其政察察，其民缺缺。
禍兮福之所倚，福兮禍之所伏。
孰知其極？
其無正，正復爲奇，善復爲妖。
人之迷，其日固久。
是以聖人方而不割，
廉而不劌，
直而不肆，
光而不耀。

【解義】

其政悶悶，其民淳淳

「悶悶」，形容為政者以無為、清靜、無事、不爭之道治國，故其狀似「悶悶」。「淳淳」，敦厚樸實之狀，形容人民安居樂業，純樸知足。「其政悶悶，其民淳淳」，指為政在上者若懂得誠正在位，清靜無為之治道，人民將可以安居樂業，享受富足安樂的生活。

其政察察，其民缺缺

「察察」，形容法令滋彰，猶如對人民監控詳察。「缺缺」，形容人民鑽營法令漏洞，投機取巧。「其政察察，其民缺缺」，指為政在上者越是想利用嚴刑峻罰，藉由高壓統治來控人民，人民反而越會鑽營取巧，行險以圖僥倖。

禍兮福之所倚

「禍兮福之所倚」與下一句「福兮禍之所伏」，表面意指禍與福常彼此相倚存，變化往來而無常，就猶如那天地盈虛變動之道般，所以須懂得與時偕行之理。事實上，「禍兮福之所倚」與「福兮禍之所伏」的更深刻之含意，是在表達治道的本、末之義。

此句的「禍」，其實是指國家禍亂之意。而「福」者，是指為政在上者懂得清靜無為，樸而少欲之治道，不以聰明巧智治國，則這將會是國家之福。因此，所謂「禍兮福之所倚」，指國家的治亂與否，是維繫在上位者清靜無為、誠正在位之根本上，即本若有所立，則末就不會亂之意思。

福兮禍之所伏

至於，這一句「福兮禍之所伏」中的福，意思則與前句有所不同，這個擺在句首的「福」，是象徵上位者貴愛其身，貪欲不止，圖求口體上的享樂，就像是正享受其福。而「禍」意思還是同上句的禍，也是指國家不得治，而有盜竊亂賊之禍。「福兮禍之所伏」，指為政在上者若是窮奢極侈，貪欲不止，又好大喜功，在下人民亦將群起效尤，競相奢華，或是被上位者的橫逆不道，搞得民窮財盡，當然最後國家一定是走向災禍動亂。

孰知其極

孰知為政在上者之誠身修己與否，影響會是多麼地深遠啊？

《大學》云：「一家仁，一國興仁；一家讓，一國興讓；一人貪戾，一國作亂；其機如此。此謂一言僨事，一人定國。」所謂「一人定國」，即猶如「孰知其極」也！

其無正，正復爲奇，善復爲妖

「其無正」，指為政在上者不能誠身正己在位之意。

「正復為奇」的正，與前之「其無正」的正意思不同，這裡是專指人民而言，是用來象徵人民天生的本性原是善良純樸。「奇」，不正、乖舛、偏邪。「正復為奇」，指上位領導者若是其身不正，就會深深影響到全國人民，例如，在上者若是貪婪暴戾，原本善良的民風也會隨之變得乖戾。

「善復為妖」，這也是在講人民，指原本純樸善良的民風，將會因上位者的「無正」，而變得偏邪乖戾。

人之迷，其日固久

「人之迷」，這是指民心與社會風氣蠱壞之意。「其日固久」，指將隨著時日的漸積而慢慢走向隳敗。

《易經・坤文言傳》初六曰：「積善之家，必有餘慶；積不善之家，必有餘殃。臣弒其君，子弒其父，非一朝一夕之故，其所由來者漸矣，由辨之不早辨也。《易》曰：履霜堅冰至。蓋言順也。」所謂「其所由來者漸矣，由辨之不早辨也」，意思即通於「人之迷，其日固久」。

是以聖人方而不割

「方」，行而有方之意，指上位領導者將以其誠正之德，做為人民中正引領之方向。「割」，宰制，即限制該如何發展之意。「是以聖人方而不割」，指為政在上者當效法聖人之德，誠身修己，並以其中正無私之德，做為人民效法的典範，而非藉由巧智聰明，或諸多威權手段，宰制人民，強使人民就範順從。

廉而不劌

「廉」，廉而不斂取之意。「劌」，傷也，指掠奪、聚斂財物之意。「廉而不劌」，指為政者要懂得藏富於民的道理，應輕徭薄賦，撙節用度，人民則是因勤勞而富庶，整個國家所呈現出來的景象，會是一片物阜民豐。

直而不肆

「直」，正也，但這個「正」，是因知比附中正而後得之。而所謂「直之正」，是指守住清靜無為之常道之意。「肆」，原指放縱、不加約束，引申指顛沛流離，居無定所之意。「直而不肆」，指為政在上者法天道作為，以清靜守常不爭當治道，不會炫耀武功，不窮兵黷武，人民也就不會因戰爭而流離失所。

光而不耀

「不耀」，光芒內斂，樸素不顯耀。「光而不耀」，指為政在上者雖貴為尊位，卻是儉樸不奢華，知足少私欲，人民自然地也會受到上之影響而崇尚儉樸。

第五十九章　治人事天

治人，事天，莫若嗇。
夫唯嗇，是謂早服；
早服謂之重積德；
重積德則無不克；
無不克則莫知其極；
莫知其極，可以有國；
有國之母，可以長久。
是謂深根固柢，長生久視之道。

【解義】

治人，事天，莫若嗇

「治人」，治理國家人民之意。「事天」，指效法天道中正誠孚、樸而無私之德。第二十三章有「故從事於道者，同於道」，所謂「從事於道者」，即同於本句的「事天」，皆指若效法天道誠正之德，將會「同於道」，而像那中正天道能恆久其位，並得到人民的貞隨順服。

「嗇」，取其吝少意，引申為樸而少私寡欲。「莫若嗇」，指為政在上者若欲治理好人民，並像那天道般恆久其位，國家可以長治久安，就必須做到誠身正己，去其私，寡其欲而重修德。

夫唯嗇，是謂早服

「早」，一日之始，含有始、本之意。「服」，順服、敬服之意，同「以德服人」的服。所謂「早服」，簡言之，就是指為政在上者若欲得到人民的順服，而達至國治而天下平的目標，揆其本、其始，是在於上位者能否做到誠身正己重修德。

「夫唯嗇，是謂早服」，指上位者若做到「嗇」，損去私心嗜欲，能夠誠正其身，就可以獲得「早服」之功，即天下人民將會敬服其德並順服其治。

早服謂之重積德

其實，「早服謂之重積德」與上句的「夫唯嗇，是謂早服」，意思可說完全相同，所謂「嗇」者，即等於「重積德」之意，而「早服謂之重積德」，就是指若要獲得人民的順服，就得重積德，亦即惟有先做到誠身正己，樸而少私寡欲，日新進德，未來才會有「早服」之功成。

另外，「夫唯嗇，是謂早服」與「早服謂之重積德」這二句，與《大學》：「古之欲明明德於天下者，先治其國；欲治其國者，先齊其家；欲齊其家者，先修其身；欲修其身者，先正其心；欲正其心者，先誠其意。」意思也相通。

重積德則無不克

「無不克」，能克勝自己的私心嗜欲之意。「重積德則無不克」，指所謂「重積德」，就是做到修德日進，能夠克勝自己的私心嗜欲，而讓內在的明德獲得顯揚。又，「重積德則無不克」此句，與《大學》所云：「克明德」或「克明峻德」意思相通。

無不克則莫知其極

這個「無不克」，比之上一句的「無不克」已更廣其義，這裡除了有克勝自己的私心嗜欲外，還含有能克勝各種外在之阻礙之意思。「極」，至高、至上無所極限。「無不克則莫知其極」，指若能克勝自己的私心嗜欲，明德日新，至誠不已，則其功、其用至大，可達至治國平天下，而止於至善，猶如「莫知其極」。

又，此句與《大學》所云：「君子無所不用其極」意思相通，指君子若能誠其意，正其心，修身進德在內，本一旦止而立，則其用至大，猶如無所極。

莫知其極，可以有國

所謂「莫知其極」，意思就是「可以有國」，亦即能夠治其國也。

有國之母，可以長久

何謂「有國之母」？是什麼可以做為有國之母？嗇也，重積德也。為政在上者誠其意，正其心，樸而少私寡欲，就可以當做有國之「母」。上位領導者誠身正己重積德，這才是未來國家長治久安的本和母，所謂「有國之母，可以長久」。

是謂深根固柢

「深根固柢」者，立本也。君子誠其意，正其心，去私寡欲，日新進德，這是君子之務本，也是君子之「重積德」。君子知務本，本有所立，未來才能成為國之「深根固柢」。

長生久視之道

「長生」，除了有長久恆存之意思外，同時也用以象徵「道」，這是因為道乃「不自生」，故能「長生」。「久視」，足以久觀之意，亦即指天道中正誠孚之德，最足可觀。「長生久視之道」，除指天道中正誠孚，故其道可以「長生」，其德足以「久視」；另一層含意則是指為政在上者，若知法天德作為，能誠正在位，樸而少私寡欲，則其德將足為天下人民所效法，同時也是天下國家長治久安的深根固柢之本。

第六十章　治大國若烹小鮮

治大國，若烹小鮮。
以道蒞天下，其鬼不神；
非其鬼不神，其神不傷人；
非其神不傷人，聖人亦不傷人。
夫兩不相傷，故德交歸焉。

【解義】

治大國，若烹小鮮

「小鮮」，指小魚蝦。由於小魚小蝦易焦易碎，經不起大火的翻滾和攪動，須用小火且小心翼翼地烹煮之。「治大國若烹小鮮」，指為政者在治理國家時，要懂得清靜守常之治道，尤其是推動改革的時候，更是要循序漸進，不可急欲求功而採取激烈手段，要像那烹煮小鮮般謹慎小心。這是因為推動改革若過於躁進，導致人民生活受到極大擾動，甚至造成人民對於新改革感到憂慮不安，不但無法收到預期之改革成效，甚至還可能激起人民的群起反抗。

以道蒞天下，其鬼不神

「以道蒞天下」，雖然此句意指以清靜守常之道蒞臨天下，也就是以道治理天下，但這裡可以專指國家應如何從事改革，才能符合「道之常」。

欲瞭解何謂「其鬼不神」？必須先知道鬼、神在本章是各代表什麼象徵含意，然後才能明白「其鬼不神」是在表達什麼，以及接下來的「非其鬼不神，其神不傷人」、「非其神不傷人，聖人亦不傷人」等二句之意思。

本章除了出現鬼、神之象外，還有聖人與人等這四種相關連象，其實這四個不同之象，所代表的意涵並不複雜，其中人可以指人民，而聖人、神、鬼這三象，則是分別代表上中下三個不同位階，即聖人最上，神居中，而鬼最低，並可將之引申指改革時之不同進程。

既然已知神是代表比鬼高一階，而鬼、神可象徵為兩個不同的改革階段，則所謂「其鬼不神」，是指在推動改革的過程中，不可亂了改革之先後次序。換言之，因為鬼比神少了一階，所以「其鬼不神」就含有不可越階而過之意，而若引申至改革之事，則是象徵推動改革時，必須懂得循環漸進之理，應等上一階段收到改革成效後，才繼續往深一層的改革推進。

非其鬼不神，其神不傷人

「非」，這一個非字須注意，雖含有「否定」意，但更確切的解釋應理解為「完成」，也就是不再停留於目前這一階段，或已經完成階段任務。「非其鬼不神」，此句可簡單理解為已經完成第一階段的改革。這是因為「非」字有完成意，而「其鬼不神」是承接上句而來，並含有不越其位、次序行事之意，再加上「鬼」是代表第一階段的改革，所以「非其鬼不神」全句，就可象徵指不再是停留在「鬼」的這一個改革階段，即已經完成第一階段之改革了。

至於接下來的「其神不傷人」，除含有已完成第一階段改革之意思外；同時指現在更順利進入到象徵中階改革進程的「神」，而其中的「不傷人」之象，是代表因有前一階段「鬼」初步的改革成功做為基礎，所以對於改革之事，這時「人民」已從原本的懷疑、不信任，慢慢轉為給予認同與支持。

非其神不傷人，聖人亦不傷人

「非其神不傷人」，指現在又已經接著完成這一個象徵中階進程的「神」之改革了。

「聖人」，比神高一階的聖人，在此是做為最高階或全面性改革之象徵。「亦不傷人」，上一句的「不傷人」是指獲得人民對於改革之事的初步認同，此句的「亦不傷人」前面再多加一個「亦」字，這是形容現在又有更多人加入支持改革的行列，表示已得到人民全面性支持改革之意。

「聖人亦不傷人」，指現在已經進入到最深層的改革，改革之事已全面性展開，同時也獲得全國人民一致地認同和支持，因此改革之事必將成功。

《易經・革卦》九三曰：「征凶，貞厲，革言三就，有孚。」革卦九三爻辭的

「征凶」之象，意指先要明審改革的恰當時機，不可躁進，否則將可能付出過多的改革代價。「貞厲」，指改革之事應循序漸進，有計畫且分階段來進行，要等前一階段有了初步成效，才繼續推動下一階段的改革；同時過程中若發現遲遲見不到預期成效，或越改革越見紊亂失序，就得順應形勢調整步伐或策略，不可不計代價的硬幹下去。

「有孚」，象徵得到全體人民的孚信支持並且參與改革。而這一個「革言三就」之象，是指前述三個觀察要素皆已到位，則改革之事就可順利成功。觀革卦九三爻辭之義，與本章的鬼、神、聖人所代表的象徵意涵，可說是其旨相通，可彼此互參。

夫兩不相傷，故德交歸焉

所謂「夫兩不相傷」，意思非指「其神不傷人」，以及「聖人亦不傷人」，而是指改革最後所得到的成果，應該是全民共享，眾人皆得其利，不會只有部分人得利，其他人卻無法享受改革後的好處，甚至是還得為改革之事承擔代價。

「故德交歸焉」，這個「德」是指功或成果，而此句意指改革後所獲得的果實和利益，應交歸全民共享，是全體人民皆能因改革而一起得到提升和進步。

第六十一章　大國者下流

大國者下流，天下之交，天下之牝。

牝常以靜勝牡，以靜爲下。

故大國以下小國，則取小國；

小國以下大國，則取大國。

故或下以取，或下而取。

大國不過欲兼畜人，小國不過欲入事人。

夫兩者各得其所欲，大者宜爲下。

【解義】

大國者下流，天下之交，天下之牝

「下流」，形容如海之納百川般，得到眾流的匯聚。「大國者下流」，指大國之所以能成為大國，是因為以德服人，就像那道在天下般，因德澤利益四方，故四方人民皆樂意順從歸附之。

「交」，同「德交歸焉」的交，即來歸附而與之交之意。「天下之交」，指大國所以能成為天下人民之歸附，而人民皆樂意順服之，這是因為大國修文德，能夠德澤天下百姓。

「牝」，有母之意，而母則有生生之象徵。「天下之牝」，指大國因修文德，又知清靜守常不爭之治道，故能成為天下民心所會交，而人民皆得安居樂業，遠方人民亦來歸附之，國家人民因此得以繁衍不已，生生不息，故有「天下之牝」之象。

牝常以靜勝牡，以靜爲下

「牡」，有雄之意，這裡是取其好勝爭奪之象徵。「靜」，清靜守常不爭之意。「下」，雖含有居下位而不爭之意，這裡主要是用來詮釋前句「大國下流」的下流，即因居下不爭，故能成為眾流所匯聚。

「牝常以靜勝牡，以靜為下」，表面意指牝因為安靜而居後，故能常勝牡，實際上，這是指國家若欲成為大國，須懂得清靜守常不爭之治道，不會窮兵黷武，也不會侵略爭奪，能與鄰國和睦相處，人民可安居樂業，四方人民自然樂意順服之。

故大國以下小國，則取小國

「下」，同「以靜為下」的下。大國寬大有容，與鄰近小國和睦相處，對人民則施行仁義教化，因此四方人民皆順服歸附之，而鄰近小國亦樂意來比附之，故「則取小國」。

小國以下大國，則取大國

「小國」，這一個「小國」，與上一句的小國不同，這裡的小國，指的是原本為「大國」，但因國力日衰，以致逐漸變成弱小國家。「下」，這一個下，意思也與前句的下不同，這裡是指國力漸衰而日趨低下。

「小國以下大國」，指原本為國力強盛的大國，但因其心永不滿足而欲稱霸，一再地窮兵黷武，連年戰爭侵伐，導致國力日趨衰弱，最後漸漸變成「小國」。

「則取大國」，指這個原本為「大國」，但因窮兵黷武的緣故，而變成「小國」的國家，最後反而被國力比他強大的國家所打敗，並且奪取。

故或下以取，或下而取

「或下以取」，指大國清靜守常不爭，知修文德，人民則安居樂業，故猶如海納百川般，不管是四方人民或鄰近國家，皆樂意來歸附之，所謂「以取」小國也。「或下而取」，指原本為強盛的大國，卻因窮兵黷武，導致民窮財匱，國力日衰而低下，最後反而被其他更大的國家所併吞奪取。

大國不過欲兼畜人

「兼」，象徵與鄰國和睦相處之意。「畜人」，容民蓄眾，會集四方人民之意。「大國不過欲兼畜人」，指大國之所以能成為大國，是因為與鄰國和睦相處，施行仁義之政，人民則安居樂業，故四方人民可說是近者悅，遠者來，皆樂意歸附之。

小國不過欲入事人

「入」，以武力入侵占領他國之意。「入事人」，強使他人順從之意。「小國不過欲入事人」，指原本為強盛的國家，最後之所以衰弱成小國，是因為窮兵黷武，想侵略占領他國，欲藉霸力強使他人順從。

夫兩者各得其所欲

大國修文德，人民能夠安居樂業，四方人民皆心悅誠服地歸附之，這時因為是得到小國的主動順服，所以猶如是大國「得其所欲」而成其大也。

原本強盛的大國，因為欲併吞他國，霸道天下，導致國力日衰而變成小國，最後甚至反被其他大國所併吞，這時就猶是讓其他的大國「得其所欲」也。

上述之「兩者」，一是以德服人而成其大國，另一是以力霸人而成「小國」，最後卻被他國所併吞，故此兩者是「各得其所欲」也。

大者宜為下

大國知清靜守常不爭之治道，以德服人，非以武力稱霸，故能像那海納百川般，蓄聚四方人民，終成為大國，「大者宜為下」也！

第六十二章　道者萬物之奧

道者，萬物之奧，善人之寶，不善人之所保。
美言可以市，尊行可以加人，
人之不善，何棄之有？
故立天子，置三公，雖有拱璧以先駟馬，
不如坐進此道。
古之所以貴此道者，何？
不曰以求得，有罪以免邪？
故爲天下貴。

【解義】

道者，萬物之奧，善人之寶，不善人之所保

「奧」，玄深奧妙。「萬物之奧」，指道能綿延不絕地生出天下萬物，萬物族殊類異，姿態萬千，由此可知，道生生之德是多麼的玄深奧妙。

「善人」，這裡是指順道而為，善利他人的人。「善人之寶」，指善人知順道而為，道之德澤亦回饋而常與善人，故道猶如是善人之寶。

「不善人」，是指能力不好的人，非指惡人。「不善人之所保」，指雖是憨厚之人，能一本誠心，順道奉天理而為，自然地也會得到天德的臨保祐助。

美言可以市，尊行可以加人

「美言」，因羨慕而發出的讚美辭，在此引申象徵珍奇寶物，亦即因看見珍寶而發出讚嘆聲。「尊行」，指尊貴的爵位，例如，前有駟馬之駕而行。「美言可以市，尊行可以加人」，指令人豔羨的珍奇寶物可以經由買賣而取得，尊貴的爵位可以藉由他人的賞賜而獲得。

人之不善，何棄之有

「人之不善」，這並非指不善之人，而是指那些讓人覺得價值性不高，無法與珍寶或尊爵相比的「不善」之物。既然寶物或尊爵都可以經由買賣或賞賜而獲得，何況那些讓人覺得價值性不高的其他「不善」之物？又豈能與「道」之可貴相比？因此，還有什麼捨不得放下的呢？「何棄之有」？

故立天子，置三公，雖有拱璧以先駟馬，不如坐進此道

天子與三公皆是人間尊貴爵位，拱璧是價值連城的珍奇寶物，而先駟馬是指榮耀的排場，此皆是人間富貴榮華之象徵，也都是可經由買賣或賞賜等外求而得之。

「坐進此道」，因坐有安靜之象，進是指入而向內，故所謂「坐進此道」，在此除了指走進入道裡面，而與道相親近之意思外；同時象徵求道乃須靜而向內觀，即向內求則有之意。「不如坐進此道」，指天子之尊，三公之貴，家財萬貫，奴僕數千，駟馬前駕，皆是身外求，然而「道」是靜而內觀即有，人人皆可自求而得之。

古之所以貴此道者何

自古以來，道之會被認為可貴，是基於何種原因呢？由於道並無法藉由買賣或

他人的賞賜而得之，這是財寶和爵位無法與它相比的。然而只要有心求道，願意內省自觀，卻是人人皆可求道而得道，而有道者則有貴行也。

不曰以求得

因為道必須向內求方有，無法經由買賣或賞賜等外求而得之，故「不曰以求得」。《論語・述而篇》子曰：「富而可求也，雖執鞭之士，吾亦為之。如不可求，從吾所好。」雖然孔子說富貴是「不可求」而得的，而內在良知良能的至誠之道，才是真正的「從吾所好」。實際上，孔子這裡所說的「不可求」，是指富貴並無法「自求」而得，而至誠之道，卻是人人可以自求而得之。〈述而篇〉此章之旨，可與本章互參。

有罪以免邪

此句非指若開始修道，就可以免除以前的種種罪過。事實上，「有罪以免邪」，意思與《論語・里仁篇》子曰：「朝聞道，夕死可矣！」相通。「朝聞道」，是指今朝既已聞道，就應該即知即行，立刻篤行實踐道。而這一個「夕」，並非今日之夕，而是指昨夕。所以「夕死可矣」，是指今朝既已聞道，就應遷善改過，改正前非，將昨日前的種種不當習氣一一克勝，從今日起勇於履道而行。

也因此所謂「有罪以免邪」，「有罪」是指作日之非，而「以免邪」則是指聞道之後，立刻改正前非，並知勤而行道。

故爲天下貴

任何人只要有心求道，道即在身邊，求之即有，而若是真「有道」者，則必有貴行，人人皆尊之、敬之。然而，道卻無法經由買賣或賞賜而得之，也非珍寶或爵位所可比擬，故道乃為天下貴。

第六十三章　為無為

爲無爲，事無事，味無味。
大小多少，報怨以德。
圖難於其易，爲大於其細。
天下難事，必作於易；
天下大事，必作於細。
是以聖人終不爲大，故能成其大。
夫輕諾必寡信，多易必多難。
是以聖人猶難之，故終無難矣！

【解義】

爲無爲，事無事，味無味

「為無為」，指為政在上者所「為」，是無為之治道，即其作為，並無我自之私心，是一切利益為他人，而正是因為這種誠孚信實，中正無我私之德，人民將上觀而效仿之，民風自然會走向善良敦化。

「事無事」，指為政在上者所「事」，是輕徭薄賦之治道，不會好大喜功，不勞民，不傷財，人民安居樂業，充分地休養生息，猶如天下「無事」一般。

「味無味」，指為政在上者所「欲」，是樸而少私寡欲的恬淡生活，而上位者不崇尚奢華，不貪求聲色享樂，民心自然地也會變得儉樸而知足。

大小多少，報怨以德

「大小多少」，此句除指大是由小長成，多是從少漸積而來之外，在本章還同時隱喻正本清源之意，也就是若根本源頭不正，則隨後所形成的偏差就難以逆料。

「報怨以德」，此句的第一層意思是指若要解決積怨，應以道德的寬恕諒解來取代報復，畢竟若是以牙還牙，以眼還眼，以暴制暴，彼此的怨恨就只會越積越深，永無和解之日。至於第二層意思，這個「怨」其實是象徵社會風氣的蠱壞，以及民心道德的淪喪，而「德」是指道德教化，故所謂「報怨以德」，指上位領導者當以崇高的道德修養做為人民典範，才能將蠱壞的社會風氣導往善俗。

例如，《論語・顏淵篇》孔子答季康子之問政：「子欲善，而民善矣。君子之德風，小人之德草。草上之風，必偃。」講的即是這個道理。

圖難於其易，爲大於其細

「圖」，有解決之意。「圖難於其易」，指趁著事情還未演變至困難，就及時的將之解決於容易，乃最得事半功倍之效。

「為大於其細」，指粗大是由細小積漸而來，所以，當趁著禍患還未形成一股難以抑制的巨流前，就及時的消弭於未然，治之於未亂。

天下難事，必作於易

此句表面是指一件困難複雜之事的完成，是先從簡單而容易的頭緒著手，接著再逐漸推展到困難的部分，而非一開始就有辦法將問題完全化解。

事實上，「天下難事，必作於易」，在本章主要並不是用來表達上述之旨，而是同樣用以象徵誠正在位的治道之義。所謂「天下難事」，這是指天下已陷入到紊亂失序之意，即整個社會因積弊日深而蠱壞，道德秩序已經喪失。而「必作於易」，則是指今日眼前所見到的社會蠱壞風氣，其實是作始於上位者不能誠正在位，沒有謹慎己德己行。

天下大事，必作於細

此句表面是指一項大事業的創建，是先從基層的小事做起，再逐漸擴大其規模，而非短時間內就能快速取得成就。

事實上，「天下大事，必作於細」，也是如同前句一樣，主要是象徵何謂正其本末的治道之義。這裡所指的「大事」，意思近於浮誇虛榮、好大喜功。而所謂「天下大事，必作於細」，則是指今日整個國家社會，之所以彌漫著奢侈浮華的風氣，眾人競相誇耀財富和地位，道德淪喪隳壞，其實是作始於上位者一人之崇尚奢華，好誇耀而喜大功所致。

是以聖人終不爲大，故能成其大

「聖人終不為大」，是指聖人為無為，事無事，味無味，只是做到誠正在位，清靜守常，少私寡欲，故猶如皆「不為大」。

「故能成其大」，指人民安居樂業，物阜民豐，社會風氣純樸敦厚，國家逐漸走向繁榮富盛，故能成其大。

夫輕諾必寡信，多易必多難

此二句表面是指不經仔細思索，便輕易應諾者，常易失信於他人；行事總是以一種輕忽怠慢的態度為之，必易招困難而多艱。事實上，這二句也是用來表達為政在上者誠身正己的治道之義。

所謂「輕諾必寡信」，意思與「信不足焉，有不信焉」相同，指為政在上者若不能誠孚信實，公正無私，當然也就會間接影響到整個社會風氣，人民將逞其奸巧聰明，欺騙狡詐之事則不終絕。簡言之，此句猶如是指上位者若不能誠孚信實而「輕諾」，則社會民風就會以「寡信」應之。

「多易必多難」，這個「易」是指輕忽、不莊重，而「難」是指困難或禍患，全句意指上位者若不能誠身修己在位，反而以一種漫不經心、輕忽怠慢的態度，來看待自己的職責，當然國家也就會慢慢走向紊亂和蠱壞，屆時就得花費極高的代價，才能整飭已經隳壞的社會風氣，是以「多難」。

是以聖人猶難之，故終無難矣

「是以聖人猶難之」，指為政在上者不會輕忽怠慢自己應盡之責，而是以一種猶如戒慎恐懼般，做到誠敬修己，謹慎言行，正位在上。「故終無難矣」，指為政在上者若一開始就做到誠正在位，清靜守常不爭，這將會是讓人民得以安居樂業，社會風氣維持純樸善良，國家長治久安的最簡易良方，所謂「終無難矣」！

第六十四章　其安易持

其安易持，其未兆易謀，其脆易泮，其微易散。
爲之於未有，治之於未亂。
合抱之木生於毫末，九層之臺起於累土，
千里之行始於足下。
爲者敗之，執者失之。
是以聖人無爲故無敗，無執故無失。
民之從事，常於幾成而敗之。
愼終如始，則無敗事。
是以聖人欲不欲，不貴難得之貨；
學不學，復衆人之所過。
以輔萬物之自然，而不敢爲。

【解義】

其安易持，其未兆易謀

「其安易持」，指事物若是在安穩的狀態下，就容易繼續維持其穩定。倘若已經開始動盪不安，想讓它再回復到原來的穩定，就得花費更高的代價。

「其未兆易謀」，指當事情還未現出禍患徵兆前，就預先擬好防備措施，以應付未來災禍的發生，將可取得事半功倍之效。倘若禍患已成，才急著到處謀求解決對策，將失之緩不濟急矣！

其脆易泮，其微易散

「其脆易泮」，指冰還未完全凝結而仍脆薄前，是容易冰泮瓦解的。

「其微易散」，指只是少量且微小的東西，只需費少許力量就可輕易地將它散解開來。

爲之於未有，治之於未亂

「為之於未有」，指趁著事情還在安穩狀態，尚未現出崩壞徵兆之前，就思患預防而加以防範。

「治之於未亂」，指趁著事情還未演變成紊亂難解前，就及時地採取對治措施，把問題解決於尚微。

其實，這兩句話可以視為是前四句的結語，是用以表達防微杜漸之義，即當趁著事情尚未演變至積重難返前，就及時把禍患解決於未然，將最收謀事之效。

合抱之木生於毫末，九層之臺起於累土，千里之行始於足下

這幾句話字面意思容易瞭解，不必多做解釋，其意涵與《中庸》:「君子之道，辟如行遠必自邇，辟如登高必自卑。」相通。其實，這幾句話在本章也是在表達「本」、「末」之義，可引申指為政在上者若能以樸而無為治天下，猶如正其本在先，未來其誠正之德將會深深影響天下人民。

爲者敗之，執者失之

「為」，指藉由巧智聰明或律法等「有為」之手段。「為者敗之」，指為政在上者若欲藉由律法或嚴刑等諸多手段，以威嚇統治人民，最後將走向失敗。

「執」，指心有偏私，猶如執持一端而無法平正。「執者失之」，指為政在上者若不能誠正在位，公平無我私，以做為人民之榜樣，待到了民風蠱壞，國家紊亂，禍端已成，難再挽回頹勢矣！

是以聖人無爲故無敗，無執故無失

在上者若能誠身正己在位，清靜守常，並以無為治天下，民風自然會走向純樸善良，這時不必再用巧智聰明，或嚴刑威嚇等手段以治民，「故無敗」！

在上者做到誠正在位，無我無私，這時本已先立，猶如再無任何禍端可被執持，當然社會自然趨向安定，人民也會安其居，樂其業，「故無失」！

民之從事，常於幾成而敗之

此句非指一般人因未能一直保持如開始時般謹慎小心，導致最後功敗於垂成。事實上，這句話所要表達的是指：一般人都是等到小疵演變成大患了，方驚覺事態嚴重，這時才急著找尋解決之道，無奈禍害已成，難挽回頹勢矣，故敗之！

另外，這句話主要還是用來象徵為政者之治理天下，應懂得誠正無為之治道，才是真正的立其本，而不是等到社會風氣蠱壞，國家陷入紊亂，才謀求解決對策，畢竟一旦禍端已成，則為時晚矣！

慎終如始，則無敗事

「慎終如始」，此句表面意指在行事過程即使到了快完成之時刻，也要保持著如開始時那般謹慎小心，以免功敗於垂成。事實上，這句話看似強調謹慎其終，卻是更重視其初始，真正意思是指若要好終局，就得先有穩固的初始根基。因此，所謂「慎終如始，則無敗事」，指若期待得到一個好的終局，就應謹慎其初始，先將初始根本正位，這是因為惟先有穩固的根基，未來才會有高大茂盛的樹幹和枝葉。

《詩經・大雅・蕩》有云：「靡不有初，鮮克有終。」所謂「靡不有初」，是用來隱喻商紂王疾威暴虐，邪僻驕橫，即做為一國之君的紂王不能正其位在上。而「鮮克有終」，意指做為一國之根本的君主若已靡爛腐敗，其終則鮮能使國家社會安定，人民生活安居樂業。〈大雅・蕩〉篇的「靡不有初，鮮克有終」，可做為「慎終如始，則無敗事」此句之另一詮釋。

是以聖人欲不欲，不貴難得之貨

「聖人欲不欲」，指為政在上者能法聖人之德，其所欲，乃「不欲」，亦即所欲，乃樸而少私寡欲也。而身為上位領導者若能樸而少私欲，不貴愛財貨之利，民風自然地也就會趨向儉樸而知足。

學不學，復眾人之所過

所謂「學不學」，是指為政在上者最重要的是能捨去其私心嗜欲，樸而無為，以做為人民效法的榜樣，因為這種學習如何無私、無欲，就好像是在學習如何的「捨去」，亦猶如在學「無」，故稱之「學不學」。另外，這一個「學不學」，可與第二十章的「絕學無憂」彼此互參。

「復眾人之所過」，這個復是指復歸其正，而過是指偏而失正，全句意指為政在上者若能「學不學」，做到樸而無為在上，人民將各安其位，民風也會變得純樸善良，故猶如能「復眾人之所過」。

以輔萬物之自然，而不敢為

「以輔萬物之自然」，指天道只是中正誠孚，規律運行在上，萬物自然地順隨其道而行，並在天德日照雲雨的施益下，生長繁榮於天地之間。

「不敢為」，指為政在上者觀天道中正誠孚在位，萬物自然繁榮於天地之間有感，懂得「道法自然」之理，做到誠正在位，以樸而無為當治道，則整個國家、社會自然會走向和諧次序，這時就像無為而能治天下。

第六十五章　古之善為道者

古之善爲道者，非以明民，將以愚之。
民之難治，以其智多。
故以智治國，國之賊；
不以智治國，國之福。
知此兩者亦稽式。
常知稽式，是謂玄德。
玄德深矣，遠矣，與物反矣！
然後乃至大順。

【解義】

古之善爲道者，非以明民，將以愚之

本句的「善為道者」，是指在為政在上者因懂得法「道之常」以治天下，故稱之善為道。「明」在此應理解為詳加規範限制，或替其預做安排之意。「非以明民」，此句非指不要教育人民，而讓人民一直保持著蒙昧無知，真正的意思是指對人民的活動或發展，不要凡事干涉，處處限制。

「將以愚之」，這個「將以愚之」是針對為政在上者而說的，並非以人民為對象，意思是指上位者應去其私心巧智，保持著如純樸而未受任何染著的赤子心般，故「如愚」。

「古之善為道者，非以明民，將以愚之」，指一位「善為道」的為政在上者，不會倚恃巧智聰明以治民，欲藉許許多多的律法，規範人民該如何順從，而是懂得讓人民可以自由地創造，以及無所受限的發展。

民之難治，以其智多

「智多」，這個智多，並非針對人民而說的，而是指上位者多逞其巧智聰明之意。由於為政在上者之治民，只需誠正在位，以清靜守常，樸而無為治天下，社會風氣自然會走向良善，人民也將順服上治。雖然上位者若知用此誠正無為之道以治民，可說是其事至易，卻不願如此為之，反而是多逞其巧智聰明，或欲藉層層律法規範人民該如何順從，最後造成社會彌漫著私心為己之風氣，老百姓則多營私狡詐，「民之難治，以其智多」之意。

故以智治國，國之賊

上位者不能誠身正己在位，而是欲藉巧智聰明以治國，在下人民也將仿而效之，各自逞其奸巧欺詐，這時猶如舉國上下交相賊矣！

不以智治國，國之福

上位者能夠誠正在位，去其私心巧智，保持如赤子之心般樸而真誠，雖然這像是向內求，卻可以影響至外，使各地民風導向純樸善良，所以這將會是國之福。

知此兩者亦稽式

「稽」，查核。「式」，範式。「稽式」，指仿效的對象。上位者不能誠身正己，卻是多巧智聰明，則民多賊；上位者做到樸而無我私，民風將會走向純樸敦厚，這是民之福。此即所謂的「知此兩者」也。同時，這也說明了上位者的誠正修身與否，將會深深地影響民風之良善，所謂的「亦稽式」也。

常知稽式，是謂玄德

在第五十一章曾提到「生而不有，為而不恃，長而不宰，是謂玄德」，所謂「玄德」者，即天德也。天道利益生長萬物，並不宰制萬物如何的生長，萬物則自然地繁榮於天地之間，這是天德之功，同時也是「玄德」之功。因此，為政在上者若懂得「道法自然」，也就是「常知稽式」，做到誠身正己在位，將會深遠地影響社會民風，以及國家之治，此亦一種「玄德」之功。

玄德深矣，遠矣，與物反矣

「玄德深矣」，指玄德乃玄深奧妙，難以形容其德之廣大深遠。「遠矣」，指玄德乃生生不已，溴廣流行，源遠流長。「與物」，指玄德將利益施與萬物。而「反」則有返而復歸之意。「玄德深矣，遠矣，與物反矣」，全句意指玄德至大，溴廣流行於一切處，能利益生長萬物無窮盡，而萬物因感其德澤，莫不樂意貞隨比附玄德之道而行。

然後乃至大順

「大」，玄德至大之意。「順」，順承貞隨之而行之意。天德至大，利益萬物無窮，萬物皆順承貞隨中正天道而行，而為政在上者若知法「玄德」作為，誠正在位，樸而無我私，人民亦莫不順服其治，「然後乃至大順」。

第六十六章　江海所以能為百谷王者

江海所以能爲百谷王者，以其善下之，故能爲百谷王。

是以聖人欲上民，必以言下之；欲先民，必以身後之。

是以聖人處上而民不重，處前而民不害。

是以天下樂推而不厭。

以其不爭，故天下莫能與之爭。

【解義】

江海所以能爲百谷王者，以其善下之，故能爲百谷王

江海之所以能成為百谷之王，是因為善於居下，而這種居下處後之德，猶如是一種謙退守常不爭之德的表現。為政在上者若能法江海之廣大，以及居下處後之德，做到清靜守常而不爭以治天下，則四方之民將樂意歸附順從之。

是以聖人欲上民，必以言下之

「上民」，身居貴位而在人民之上之意。「以言下之」，懂得謙卑處下之意。「聖人欲上民，必以言下之」，指為政在上者雖有貴位，卻瞭解到人民乃邦國之本，民為貴，所以不敢自恃尊貴，懂得以民為重。

欲先民，必以身後之

「先民」，帶領人民之意。「以身後之」，指為政在上者能誠正在位，樸而少私寡欲，以做為人民效法榜樣，人民則是可以自由地發展，不會受到諸多干涉，因為上位者這種誠正無為之德，就像是隱於後般，故稱「以身後之」。

「欲先民，必以身後之」，指上位領導者一言一行皆為人民所觀瞻，因此應以誠身正己，樸而無為之德帶領人民，而上位者這種法「道隱無名」之德，只是做到誠身正己向內求，而非藉由「有為」以蒞民，故就像是「以身後之」。

是以聖人處上而民不重，處前而民不害

「聖人處上而民不重」，指為政在上者懂得「貴以賤為本，高以下為基」之理，人民乃邦國之根本，所以時時以人民為重，不會本末倒置的貴高自己，而把人民當成草芥般輕賤。

「民不害」，指以中正誠孚之德帶領人民，人民將行於正道上，故「不害」。「處前而民不害」，指上位者要誠身正己，以做為人民之表率，並以樸而無為，守常不爭當治道，不傷財，不害民，民風自然會趨向純樸，國家也會逐漸走向富庶。

是以天下樂推而不厭

「樂推」，樂意順服於上治。「不厭」，上位者仁愛人民，人民則亦敬崇其上，故「不厭」。「天下樂推而不厭」，指為政在上位者重視民命，不會視人民如草芥、芻狗般不值，因為能仁愛人民而以民為重，所以，人民也將會順服於上治並敬崇之。

以其不爭，故天下莫能與之爭

一國之上位領導者若知清靜守常不爭之治道，施行仁義教化，重視民命，人民可以安居樂業，這時就會像那海納百川般，得到四方人民歸附順從，而終成為大國，故天下莫能與之爭。

第六十七章　天下皆謂我道大

天下皆謂我道大，似不肖。
夫唯大，故似不肖。
若肖，久矣其細也夫。
我有三寶，持而保之。
一曰慈，二曰儉，三曰不敢爲天下先。
慈故能勇，儉故能廣，
不敢爲天下先，故能成器長。
今舍慈且勇，舍儉且廣，舍後且先，死矣！
夫慈，以戰則勝，以守則固。
天將救之，以慈衛之。

【解義】

天下皆謂我道大，似不肖

「天下皆謂我道大」，指「我道」之所以能成就其至大之德，這是因為天道無我無私，德澤萬物從不居功，所以，天下萬物莫不感其德，並貞隨其道而行，也因此，猶如道能「大有」天下萬物般。

「不肖」，指找不到相似之象可形容之。「似不肖」，指道至大，無定形，無定象，無可名狀，就像是因為「無我」，所以也就好像是什麼都不像，而且是連這一個「什麼都不像」，都不足以形容之，故勉強稱之「似不肖」。

夫唯大，故似不肖

上一句的「似不肖」是用來形容道，且是站在「天下萬物」的立場以觀道，而此句的「似不肖」則是反過來，是以道之立場以觀天下萬物。也就是說，這一個「似不肖」，雖然也一樣是指「像是什麼都不像」，但這裡的意思應理解為天道之觀萬物乃一視同仁，不管是天上飛的，或地下爬的，道待之皆平等無分別，而正因為沒有任何差別之分，所以也就「像是什麼都不像」。

「夫唯大，故似不肖」，這句話意指道之能成就其至大之德，是因為將以「似不肖」之德待萬物，即道因無我私以仁愛萬物，視天下萬物皆一而無分別，各類萬物皆能普受其德澤。

若肖，久矣其細也夫

「若肖」，指若有「肖」，表示是與某一類相似，這時就會有分門和別類的不同，而既然有差異，也就會有我私分別心之存在。「細」，指無法擴而廣之，反而是越分越細，越走越狹隘。

「若肖，久矣其細也夫」，這句話其實是站在為政在上者之立場而說的，指上位者若不能法天德之無我無私，反而是私心自用，自恃尊貴在上，則影響所及，社會風氣將逐漸走向敗壞，人民拉幫結派，彼此爭奪利益，最後就是整個國家變成紛亂失序。

我有三寶，持而保之。一曰慈，二曰儉，三曰不敢爲天下先

雖說為政在上者當無我無私，卻可懷著「慈」、「儉」、「不敢為天下先」這三寶於我身，而若能執持此三寶，不但可保其民，更可以保此身而守其位。

「慈」，原指父母對子女的慈愛，而父母對子女的慈愛，是真心的付出，並不求任何回報，但這個慈在此則是更廣其義，有仁愛人民之意思，亦即先能親其親，更進而仁民和愛物之意。

「儉」，指儉樸而少私寡欲，不崇尚奢華，不貪求安逸享樂。

「不敢為天下先」，是指清靜守常不爭，謙下處後，不好大喜功，也不會自恃尊貴在上。

慈故能勇

「慈」者，仁愛人民也。為政在上者能仁愛人民，人民將順服於上治，因此倘若這時在上者欲使民，人民則莫不忘其勞、忘其死，竭力為國家付出，就像是能獲得人民之勇力般，「慈故能勇」之謂。

儉故能廣

上位者儉樸而少私寡欲，不好大喜功，不勞民，不傷財，人民亦將勤奮儉樸而知足，國家也會因多蓄積而成富庶，故「能廣」。

不敢爲天下先，故能成器長

「器長」，器物之長，即能成其至高、最上之器用之意，這裡是象徵保此謙下守常不爭之德，就會像是執持最上之利器，則天下將莫能與之爭。「不敢為天下先，故能成器長」，指為政在上者不自恃尊貴，亦不會爭霸好強，能保持謙下守常不爭之德，將會獲得四方人民的歸附順從，這就像越是不爭處後，反而越得其尊貴崇高而守其位。

今舍慈且勇，舍儉且廣，舍後且先，死矣

「舍慈且勇」，指捨棄仁義教化之治道，反而追求武力稱霸，欲藉強大軍事力量侵略，迫使他國屈服順從。

「舍儉且廣」，指認為儉樸之無益而捨棄，反而崇尚奢侈浮誇，認為上位領導者必須功大業偉，才能展現一國之強盛。

「舍後且先」，指捨棄謙下守常不爭之治道，反而驕矜自貴，倚恃權勢，任意役使人民，而把人民當成草芥般輕賤。

「死矣」，指若捨慈、儉、不敢為天下先這三寶，反而好勇、好奢、驕矜自貴，是自招災凶也。

夫慈，以戰則勝，以守則固

「慈」者，能仁愛人民，而人民將感於上之仁政，願意為國家竭力付出，乃至忘勞忘死，故以戰則勝，以守則固。

天將救之，以慈衛之

雖然天道無私無我，視天下萬物俱皆平等，並無遠近親疏之分別，但天德卻恆與善人。有慈心者，能仁愛他人，乃善人也，而天德將恆與善人，是即稱「天將救之」之理。

為政在上者有「慈」，施仁政於民，省刑罰，薄稅斂，則必得民心。能得民心者，將會像那海納百川般，獲得四方之民的歸附順從，這時天下將莫能與之爭，可無敵於天下也，所謂「仁者無敵」，「以慈衛之」之謂也。

第六十八章　善為士者不武

善爲士者不武，
善戰者不怒，
善勝敵者不與，
善用人者爲之下。
是謂不爭之德，
是謂用人之力，
是謂配天古之極。

【解義】

善爲士者不武

「士」，是指一位聞道之後，能夠即知即行，篤行實踐道的「善為道」者。又，何謂「善為道」？知「人法地，地法天，天法道，道法自然」之理，即懂得法天道自然之理而為者。「不武」，不喜爭鬥好武，引申指清靜守常不爭之德。因此，所謂「善為士者不武」，是指一位真正稱「士」者，乃善為道也，不但能誠身正己重修德，同時懂得清靜守常不爭之治道，能以「無事」治天下，與鄰國則和睦相處。

善戰者不怒

這個「善戰」，並非指善於作戰，因為最高、最上的「善戰」，應該是國與國之間和睦相處，彼此不會有戰事發生，才是真正的稱「善戰」。「不怒」，表面上這是形容主不可以怒而興師，將不可以慍而致戰。實際上，這個「不怒」，是隱喻不會相互敵視和侵略攻擊。

「善戰者不怒」，表面是形容一位善戰的將領，能隨時保持冷靜，不會輕啟戰端。實際上，這是指一位善為道的上位領導者，懂得守常不爭，不會窮兵黷武，侵略爭奪，與鄰國彼此和睦相處，人民則可以安居樂業。

善勝敵者不與

「不與」，因為「與」有施予往外之意，所以「不與」就是取其反面之象，引申指像那江海之納百川般，是由四方向內歸附匯聚。「善勝敵者不與」，表面是指善勝敵者，不管是在攻擊或防守上，都能做到不讓敵人有任何可乘之機。實際上，此句是用以形容一位善為道的上位領導者，施仁政而得民心，四方之民皆樂意歸附順從之，這時不但國可成其大，人民亦將竭力為國付出，故天下將莫能與之爭，此乃「仁者無敵」而善勝敵也。

善用人者爲之下

善為道之上位領導者，懂得謙下處後而不爭，具備不自是、不自伐、不自矜等諸善德，雖位居尊位，不會自恃尊貴，能禮賢下士，故天下人才皆樂為其所用。

是謂不爭之德

在老子書中多處提到不爭之德，例如，「水善利萬物而不爭」，「天之道，不爭而善勝」，「聖人之道，為而不爭」。所謂「不爭」之德，可以說等於善為道者之德，即有著無私以利他，謙下居後，順道守常等諸德。本章上述諸句，主要是在陳述若實踐不爭之德，將會有哪些善功，即為政在上者若以不爭之德治天下，則天下將莫能與之爭，故猶如「善勝」；同時，也因為天下人民將樂意歸附之，故猶如「善得人之力」。

是謂用人之力

所謂「用人之力」，意指天下人民皆願歸附順服之，並竭其心力而樂為其所用。

是謂配天古之極

「配天」，與天道合德相配之意。而地道因恆順承天道而行，故能與乾天合德，同時也可以說坤地就是位最「善為道」者。「古」，有恆久之意，這裡含有恆以守常之意思。「極」，最上最高之極限，這裡含有其德無窮之意。

「配天古之極」，這是象徵地道猶如是位最善為道者，因為地道知恆順承天而行，又最居卑下，故地道有著謙下處後、恆以守常與利他不爭等諸善德。然而坤地雖不爭，卻能與乾天合德相配，而成就其博厚廣大，以及承載頤養萬物無窮之功。

因此，一位「善為士」者，知法地知順承天之德，懂得清靜守常不爭之治道，也將會擁有那「善勝敵」、「善用人之力」等諸善功。

第六十九章　用兵有言

用兵有言：
吾不敢爲主而爲客，不敢進寸而退尺。
是謂行無行，攘無臂，執無兵，扔無敵。
禍莫大於輕敵，輕敵幾喪吾寶。
故抗兵相加，哀者勝矣。

【解義】

用兵有言

本章專講兵法，在老子思想中，兵者乃不祥之器，倘若不得已而用之，以「恬淡」為上。也就是說，為政者應以清靜守常不爭為治道，讓人民能夠安居樂業，絕不會企圖侵略或占領他國，而主動挑起戰爭。然而當面對窮兵黷武的侵略者，為政者也不可以不思患預防，所以必須得有軍事力量的預備，以保國衛民，守護疆土。

在本章所提到的許多兵法，與《孫子兵法》書中的許多道理相通，理解時可彼此互參，將有更深的領悟。所謂「用兵有言」，此句表面意指兵家曾說過用兵有哪些方法，實際上，這裡的「有言」之象，原有言語討論之意，可引申指作戰計畫的擬訂等意思，它與《孫子兵法》的「始計」可說是意思相通。

吾不敢爲主而爲客

此句中的「主」、「客」，是分別象徵兩軍作戰時的我方與敵方。因此，所謂「吾不敢為主而為客」，指兩軍作戰時，不可只知道自己兵力與布署有多少，卻完全不清楚敵方之虛實，而是必須先探知敵情，瞭解對方兵力的多寡與強弱，再經主、客相較之後，才能真正擬訂出一套切合實情的作戰計畫。

《孫子兵法‧謀攻篇》：「知己知彼，百戰不殆；不知彼而知己，一勝一負；不知彼不知己，每戰必殆。」若欲知己亦知彼，就得「不敢為主而為客」也。

不敢進寸而退尺

所謂「不敢進寸而退尺」，意思與「料敵從寬，禦敵從嚴」相近。當兩軍作戰時，不可過度自信而輕敵，認為以我方所擁有的實力，只要一發動攻擊，即可輕易將敵人打敗，而是應以最高的危機意識，謹慎小心地看待對手，「不敢進寸」之謂。

在擬訂戰略時，會把各種可能的潛在危機皆納入考量，例如，不管是在進擊或防禦上，除了做到縝密不疏漏，面對戰事一旦出現不利，也會有相因應的計畫，「退尺」之謂。

是謂行無行，攘無臂，執無兵，扔無敵

這四句所要表達的意思，是指作戰前的戰術模擬演練，也就是如同今日的兵棋推演。

「行無行」，第一個行音同行軍的行，第二個行音同行伍的行，而所謂「行無

行」則是指模擬排兵布陣之意。

「攘無臂」，不是真正地出拳搏鬥，而是指模擬兩軍間的接觸戰鬥。

「執無兵」，並非拿著兵器直接戰鬥，意思近似武器或火力打擊等的戰力評估。

「扔無敵」，指武器所投擲的目標，並非以實際敵人做為對象，即近似實兵演習之意。

禍莫大於輕敵，輕敵幾喪吾寶

作戰時絕不可輕敵，若是自大自滿，以為輕易地就可以打敗敵人，將會自取其禍，最後以敗戰收場。而此句中「幾喪吾寶」的寶，是象徵「不敢為天下先」之意。但為何「寶」是指「不敢為天下先」？這是因為第六十七章稱「慈」、「儉」、「不敢為天下先」為三寶，所以這裡就是取其中的「不敢為天下先」，做為「寶」之象徵。

至於什麼是「不敢為天下先」與輕敵的相關連？其理則不難理解，這是隱喻一國之上位者若「不敢為天下先」，就不會自以為國力強盛而窮兵黷武，欲以武力爭霸而侵略他國。倘若一個國家若自以為武力強盛，「輕敵」而欲侵略占領他國，窮兵黷武的下場，就是導致民窮財盡，國力日趨衰退，甚至招致敗亡之禍，「幾喪吾寶」之謂也。

故抗兵相加，哀者勝矣

「加」，置於其上，引申指居上風，取得優勢之意。「抗兵相加」，指兩軍對峙相抗，互有勝負，彼此旗鼓相當。「哀者勝矣」，此句不要理解為充滿哀傷悲憤的一方將會獲得勝利，它真正的意思與《孫子兵法》所云的「陷之死地然後生」相通。

《孫子兵法．九地篇》云：「疾戰則存，不疾戰則亡者，為死地。」「無所往者，死地也。」亦云：「兵士甚陷則不懼，無所往則固，深入則拘，不得已則鬥。」所謂的「死地」，是指一旦軍隊進入到「死地」這樣的處境，惟一的出路就是疾戰拚死向前，打敗敵人取得勝利，否則就再無其他退路了。因此，這裡的「哀者」之象，意指若讓兵士深刻體會此時猶如已身處「死地」，而惟有拚命與敵人決一死戰，再無可選之退路，則這時面對敵人，將不再畏懼害怕，軍心也才能牢固不渙散，全心全力挺身戰鬥，奮勇殺敵，取得勝利。

第七十章　吾言甚易知

吾言甚易知，甚易行。
天下莫能知，莫能行。
言有宗，事有君。
夫唯無知，是以不我知。
知我者希，則我者貴。
是以聖人被褐懷玉。

【解義】

吾言甚易知，甚易行。天下莫能知，莫能行

我所說的道理很容易瞭解，而且也簡簡單單地就可以做得到，但天下人卻莫能知，也莫能行。

言有宗，事有君

「宗」，宗源也，指所說的話有它依循的根本之意。「君」，主也，指事情的發展有它該依循的理則之意。「言有宗，事有君」，指我所說的話是有它的根據，而我所指的行事，則有它依循的理則。

夫唯無知，是以不我知

若僅就字面解釋，這是指因為天下人皆不瞭解何謂「言有宗，事有君」，所以，才無法知道我說的話之意涵，以及不能照著我所說的理則去行事。

事實上，若欲瞭解這句話更深一層的意思，則須先懂得什麼是「我」字所代表的象徵意涵。這一個「我」是指我身自內，即自我的內在明德之意。因此，所謂「夫唯無知，是以不我知」，意指眾人之所以不能瞭解我所說的話，以及照著這些理則去實踐，是因為不懂得誠身正己向內求，不知道只需向自我內在去探求即可有得，也就是因為不能「我知」，所以才會「無知」。

知我者希，則我者貴

若僅就字面解釋，這是指懂得我所說的道理的人，可說是太希少了，至於那些能夠照我所說的話去做的，更是像那鳳毛麟角般少之又少。

事實上，這一個「希」字，在此是用來象徵少其私、寡其欲之意。因此所謂「知我者希」，是指若能去其私，捨其欲，就能探求「我」之內在明德，同時，也可以知道我所說的道理。「則我者貴」，簡單說就是指若懂得去行踐「無我私」之道者，眾人皆尊敬之，故可得其貴也。

是以聖人被褐懷玉

此句表面是指既然天下人無法瞭解道，亦不能行道，所以聖人只好將內懷如明珠寶玉的道，繼續隱藏在這樸拙的褐衣之下了。

事實上，所謂「被褐」，也是象徵樸而少私寡欲之意，而「懷玉」則是用以形容內在明德，像似明珠寶玉般。因此「是以聖人被褐懷玉」，實是隱喻若能做到樸而無我私，損去其私心嗜欲，就可以探得如寶玉般內藏之明德。

第七十一章　知不知上

知不知，上；
不知知，病。
聖人不病，以其病病。
夫唯病病，是以不病。

【解義】

知不知，上

知道自己有所不知，而知虛心學習，增益己之寡少孤陋處，以去其愚昧，此乃上智者。

《論語．為政篇》子曰：「由！誨女知之乎？知之為知之，不知為不知，是知也。」此章中的「為」，是指實踐或從事之意。而所謂「知之為知之」，意思是既然已經知道事的道理，就應該即知即行的，立刻去篤行實踐。「不知為不知」，是指知道自己所知有限，仍有許多不知之處，因此懂得虛心受教，積極地往那不知、不懂的其他領域繼續學習。「是知也」，這才是正確的求知之道。〈為政篇〉此章之義，可與「知不知，上」互參。

不知知，病

無知卻自以為知，或是不知自己之所知有限，以致不願意虛心學習和求知，此乃所以致愚之病。

聖人不病，以其病病

此句的「病病」，前一個病字代表愚病之意，而後一個病字，則是指知道致愚的病因之意。因此，所謂「聖人不病，以其病病」，指聖人之所以不病愚，是因為聖人知致愚之病因，是源自不知卻以為知，因此聖人不會囿於己見，也不會剛愎自用，而是願意虛心求知，廣納他人之想法意見。

夫唯病病，是以不病

此句的「病病」，前一個病字是動詞，意指找出致愚之病因，並且對症下藥，解決病灶；後一個病字是名詞，意指愚昧之病。因此，所謂「夫唯病病，是以不病」，指知道愚病之病因，是起因於無知卻自以為知，於是瞭解到惟有虛心學習，積極求知，才能去除愚昧無知，是以「不病」。

第七十二章　民不畏威

民不畏威，則大威至。
無狎其所居，無厭其所生。
夫唯不厭，是以不厭。
是以聖人自知不自見，自愛不自貴。
故去彼取此。

【解義】

民不畏威，則大威至

此句中的前一個「威」，是象徵嚴刑峻罰，即對人民的威權統治之意；後一個「威」，則是指威脅，即人民群起反抗，因而造成對上之威脅。「民不畏威」，指上位者若庶政做不好，人民生活困苦，以致盜賊、犯罪四起，這時即使再多的嚴刑峻罰，人民也不會感到畏懼。

「則大威至」，指一旦民不聊生，人民不再畏懼害怕上位者之威權統治，將群起反抗暴政，這時真正的威脅反而會降臨到執政者身上。

《大學》子曰：「聽訟，吾猶人也；必也使無訟乎！無情者不得盡其辭，大畏民志：此謂知本。」所謂的「大畏民志」，其實與「民不畏威，則大威至」意思相同，皆是指為政在上者必須隨時敬畏民心，要以民志為己志，讓人民能夠安居樂業。

無狎其所居，無厭其所生

「無狎」，狎有輕慢或忽視之意，所以無狎即指重視之意。「無厭」，不會討厭，通喜歡或樂也。「無狎其所居，無厭其所生」，此句簡言之，就是指讓人民生活可以安其居，樂其業之意。

夫唯不厭，是以不厭

這個「夫唯不厭」，是就為政者的立場來說的，意指為政在上者能夠重視民命，不會視人民如草芥或芻狗般輕賤不值。「是以不厭」，這是站在人民的立場來說的，意指上位者能仁愛人民，人民可以安居樂業，則人民將會順服於上治，並敬愛之，故「不厭」。

是以聖人自知不自見

所謂「自知」，是指內省的功夫，隨時檢視自己之起心動念，能誠其意，正其心，不讓私心嗜欲蒙蔽了內在明德。而「不自見」，是指除了內省以自知，對外則能中正無私以接物，不會囿於私心己見，也不會自以為聰明有智，故聖人具備公正客觀之明。

自愛不自貴

所謂「自愛」卻「不自貴」，意指真正的「貴愛」此身，是不自恃尊貴，謙下處後，能捨去個人之私心嗜欲，願意利益天下而為公，因此，能夠獲得眾人的敬重和「貴愛」。

故去彼取此

此句曾出現於第三十八章，兩處所表達的意涵相同，其中的「彼」是指他或外，而「此」是指我或內。聖人的「自知不自見」與「自愛不自貴」，皆誠身修己向內求的功夫，「取此」之謂；而捨去聲色享樂之嗜欲，不會自恃尊貴而驕矜在上，則是「去彼」。

第七十三章　勇於敢則殺

勇於敢則殺，勇於不敢則活。

此兩者，或利或害，天之所惡，孰知其故？

是以聖人猶難之。

天之道，

不爭而善勝，不言而善應，

不召而自來，繟然而善謀。

天網恢恢，疏而不失。

【解義】

勇於敢則殺，勇於不敢則活

「勇於敢」，已經有勇了，現在更是敢而無所畏懼，趨而向前，這是象徵有餘而過之。「殺」，象徵減損、裁去。「勇於不敢」，相較於勇敢，這是指不足勇之意，可引申象徵欠缺或不足。「活」，象徵益之、生長之。

「勇於敢則殺」，指一旦盈滿太過，將逐漸走向裁損之意。「勇於不敢則活」，指居低下而不足，因而得到外來的益加之意。

此兩者，或利或害

所謂「此兩者」，是指「損之」和「益之」這兩種不同作為。「或利或害」，指雖然是「損之」，但可能因損而得利；雖然是「益之」，卻反而因益而受害。而之所以會「或利或害」，這是因為已經有了餘裕，而能適時的裁損之，使得全體常保在穩定平衡態，當然這就會因損而得益；倘若已是有盈並不缺，卻又再益加之，以致造成失衡或不當，這時就會由益轉變成害事。

天之所惡

由於天道乃常保盈虛平衡，中道而不過，所以不管是「勇於敢」，造成有餘太過，或是「勇於不敢」，導致欠缺不足，二者皆不合於中道平衡之德，故此兩者皆是「天之所惡」。

孰知其故

「故」，緣由，含有探知下一步動向之意。天道之變化運行，損益盈虛與時偕行，故其道之動進，常保中正不偏，盈虛平衡，並不會有任何過之或不及。正因為不管是或損之，或益之，必須視時勢變化之所宜而定，並非固執不知變通，因此孰能知其故？惟有懂得與時偕行也！

是以聖人猶難之

什麼是聖人的「猶難之」？所謂聖人之「猶難」，是欲「有為」以治天下，則其事甚難。由於「民之難治，以其智多」，所以，為政在上者若是逞其聰明巧智，欲有為以治天下，則面對小老百姓之多為己利而謀，必然會有顧此而失彼，難以周全而公平。因此聖人之治民，能本著中正公平而無私，以無為代替有為，也就不會落入過之或不及這兩種偏失，而像是那天道般常保中道平衡，可以恆久其位，故終無難矣！

天之道，不爭而善勝

天道雖德澤善利天下萬物，卻不求任何回報，此乃天道「不爭」之德。然而天道雖「不爭」，但萬物莫不順服天道規律之序而行，故猶如擁有「善勝」之功。

不言而善應

天道不必言語，本一至誠，正位運行在上，天下萬物則莫不知應和貞隨天道而行，其德猶如「不言」，卻「善應」。

不召而自來

天道只是規律有節，誠孚信實，正位運行在上，而萬物則皆主動來與之比附，其德猶如不召而自來。

繟然而善謀

「繟」，寬綬。「繟然」，像是一條寬鬆不規則之帶狀，形容四時寒暑動進之道，乃上下變動不居，猶如是條不定形之綬帶。「善謀」，指謀略之縝密，思慮之周詳，無任何差誤。「繟然而善謀」，形容天道四時之運行，雖然寒暑之往來，上下變動不居，其道卻是規律有節，恆久不已，並無任何之差忒，猶如「善謀」般。

天網恢恢，疏而不失

「天網」，形容天德就像張網般籠罩天地間。「恢恢」，廣大、擴散貌。「天網恢恢，疏而不失」，指天德雖然無形無體，不可名狀，像是空疏般不存在，實際上，天德卻像張無邊無際的天網般，周遍一切處，天下萬物皆普受其德澤利益。

第七十四章　民不畏死

民不畏死，奈何以死懼之？

若使民常畏死，

而爲奇者，吾得執而殺之，孰敢？

常有司殺者，殺。

夫代司殺者殺，是謂代大匠斲。

夫代大匠斲者，希有不傷其手矣。

【解義】

民不畏死，奈何以死懼之

人民之所以不再畏懼死亡，是因為生活困苦，乃至生不如死，不得已鋌而走險，以求生命得以繼續苟存。因此，為政者這時即使再多的嚴刑峻法，也威嚇不了人民求生的信念，甚至無法阻止人民起而對抗上之暴政。

若使民常畏死

表面意指使人民常害怕死亡，所以也就不敢為非作歹。事實上，此句另有其象徵含意，須與上句的「民不畏死」合參。倘若「民不畏死」，是代表民不聊生，人民生活困苦，流離失所之意，則相對的「民常畏死」，就是指人民希望能夠安居樂業。

而爲奇者，吾得執而殺之，孰敢

此句表面像是指人民若皆畏死，這時若有作奸犯科者，立刻處以極刑，以儆效尤，人民孰敢再犯罪？假如真的是在表達此意涵，那麼諸多極權統治者無不已照著這樣的方法，經常製造極刑恐怖而使人民常懷畏懼，更以殺一儆百的方式威嚇人民，這豈合於聖人施行仁義教化之宗旨？

事實上，這些話並非針對人民而說，句中所表達的意涵，是以為政在上者做為對象。這一個「奇」，是指有餘而不正之意。而所謂「為奇者」，與「正而無為」相反，意思通於「有為而不正」，是指為政在上者欲藉由巧智聰明，或嚴刑峻法等諸多手段，以達到統治人民的目的。

至於「吾得執而殺之，孰敢」，其中的「殺」與「敢」這兩字象所代表的含意，與上一章的「勇於敢則殺」相同，是取其象徵當損去「有為」之餘贅之意。也就是說，為政在上者以誠正無為治天下，所以任何巧智聰明或嚴刑峻法等「有為」，皆猶如餘贅般，應「執而殺之」，損去其有餘太過，而回歸到清靜守常。

常有司殺者，殺

何謂「常有司殺者」？由於天道自然變化之法則，春夏秋冬終始循環，每當冬季終了，舊一年就會隨之遯退逝去，而生長於天地間的萬物草木，也將隨著季節推移而生生滅滅。因為不管是季節的新舊推移，或是萬物草木新生與死亡之變化，皆像是由天道自然所專司，故所謂「常有司殺者」，其實是用來代表天道自然生滅變化之法則。

因為「常有司殺者」是指天道自然之法則，所以這裡的第二個「殺」字，在此實指順道之自然而終老逝去之意。

夫代司殺者殺，是謂代大匠斲

「大匠」，形容天道自然就像是天地之間最偉大的大匠，因為這個大千世界如此繽紛多采，無不是大自然所雕琢。「夫代司殺者殺，是謂代大匠斲」，指為政在上者若是暴虐無道，窮兵黷武，造成民不聊生，流離失所，以致人民無法養生送死，自然地終老，就會像是代司殺者殺人民，即所謂的「代大匠斲」。

夫代大匠斲者，希有不傷其手矣

為政者若以暴虐之政殘害人民，是為「代大匠斲者」。而一旦人民生活困苦，不得已起而對抗暴政，這時人民將「不畏威」，不再害怕上之威權統治，反而是威脅將降臨到當權者身上，所謂「希有不傷其手矣」之意。

第七十五章　民之饑

民之饑，以其上食稅之多，是以饑。

民之難治，以其上之有爲，是以難治。

民之輕死，以其上求生之厚，是以輕死。

夫唯無以生爲者，是賢於貴生。

【解義】

民之饑，以其上食稅之多，是以饑

人民之所以會遭受饑饉，是導因於為政在上者暴虐無道，貪得無厭，對人民橫賦暴斂，太多的苛捐雜稅，最後造成人民生活貧困而受饑餓。

民之難治，以其上之有爲，是以難治

人民之所以難治，這是因為上位者常逞其聰明巧智，欲藉「有為」以治民，人民不堪苛刻的律法，繁重的稅賦，以及上位者好大喜功所造成的勞民傷財，最後定群起反抗，故民是以難治。本來為政在上者只需誠正在位，樸而少私欲，清靜守常而無為以治民，民風自然會導向純樸善良，彼時不煩上位者之巧智，社會自能呈現一片和諧次序。

民之輕死，以其上求生之厚，是以輕死

人民之所以不再畏懼死亡而輕死，這是因為上位者「求生之厚」，只會貪好財貨之利和聲色享樂，卻完全不顧及民命，甚至把人民視作草芥般不值，而一旦人民生活貧窮困苦，甚至生不如死，必群起反抗暴虐，這時再多的嚴刑峻法，人民也將無所畏懼，是以輕死。

夫唯無以生爲者，是賢於貴生

所謂「無以生為」，意思與「為無為，事無事」相同，是指為政者當捨其私，寡其欲，以樸而無為，清靜守常當做治道。「貴生」，指為政者驕矜自貴在上，只追求個人私利欲望的滿足，卻是輕賤人民，不顧及人民生活。

「夫唯無以生為者，是賢於貴生」，指為政在上者應以樸而無為、清靜守常做治道，捨其私，寡其欲，不會驕奢矜貴，對人民輕徭薄賦，不勞民，不傷財，人民則因安居樂業而走向富足康樂。

第七十六章　人之生也柔弱

人之生也柔弱，其死也堅強。

萬物草木之生也柔脆，其死也枯槁。

故堅強者死之徒，柔弱者生之徒。

是以兵強則不勝，木強則兵。

強大處下，柔弱處上。

【解義】

人之生也柔弱，其死也堅強

「人之生也柔弱」，這是取象初生嬰兒身體柔弱之意。由於嬰兒體至柔，卻生機充滿，性精純而無雜染，所以，這裡就取嬰兒純真無染著之象徵，以引申指心中常保平靜少私欲，不會競逐於名利，亦不縱情於享樂嬉戲。

「堅強」，象徵私心嗜欲強烈，追求名利權位不止。「其死也堅強」，表面意指人死去後身體會成僵硬，實際上，這裡是隱喻人若是私心嗜欲強烈，競日汲汲營營於名利權位的追求，則精神將日漸枯槁，乃至夭其壽。

萬物草木之生也柔脆，其死也枯槁

萬物草木在其屯生初始，雖然柔軟脆弱，卻是生機充滿，未來只要順隨天道四時規律之序而動，就能順利茁壯長大。然而萬物草木一旦長大及壯，接下來就會逐漸走向衰老，乃至枯槁死去而變僵硬，這是自然造化之進程，不得不然。

故堅強者死之徒，柔弱者生之徒

這一個「堅強」，與首句的「堅強」意思有差異，這裡是取其萬物長大茁壯後，體質變成堅強之意。因此所謂「堅強者死之徒」，其實是在表達「物壯則老」此一意涵，即當萬物草木長大強壯了，接著就會逐漸走向衰老逝去，這是無法更易的自然道理，因此當懂得順道而行，否則「不道早已」。

「柔弱者生之徒」，是在表達物生初始雖稚弱，但只要知順道而行，則此刻蓬勃的生機，未來將可以發展成茁壯。另外，若把「柔弱者生之徒」之象徵，進一步引申至治國之義，是指為政在上者若懂得清靜守常，順道而為，未來國家將會因充滿生機而逐漸興盛。

是以兵強則不勝，木強則兵

所謂「兵強則不勝」，不要理解為兵力越強大壯盛，反而越不易贏得勝利。其實句中的「兵強」，是指國家欲稱霸稱強，以致不斷地擴充其軍事武力之意。而「不勝」，則是指一再地窮兵黷武，國家戰禍連年，因而導致國力日趨衰弱，最後反而被其他力量更強大的國家所打敗並奪取。

「木強則兵」，這個「兵」是指刀斧砍伐而傷損之意，而此句意指樹木長成材，將會因其堅實的材質，而受到刀斧砍伐。

強大處下，柔弱處上

做為本章結語的這句話，何以說強大者會「處下」，而柔弱者能「處上」？這是因為這個所謂的「強大」者，是指國家若自恃其國力強盛，欲稱霸天下而窮兵黷武，國力將會因耗損在軍備武力的擴張及侵略上，導致日漸衰弱，故「處下」。而所謂「柔弱」者，在此是象徵「不爭」之德，是指以清靜守常治國，而一國之人民若能安居樂業，仁義教化得以施行，則四方人民將樂意歸附順從，國力可因此日益增進，故「處上」。

第七十七章　天之道其猶張弓與

天之道，其猶張弓與！
高者抑之，下者舉之；
有餘者損之，不足者補之。
天之道，損有餘而補不足；
人之道，則不然，損不足以奉有餘。
孰能有餘以奉天下？唯有道者。
是以聖人，爲而不恃，
功成而不處，
其不欲見賢。

【解義】

天之道，其猶張弓與

這個「天之道」，指的是晝夜與四時寒暑變化更迭之道。

何謂「張弓與」？又，為何天之道是猶如那「張弓與」？所謂「張弓與」，是指張弓射物之意。至於張弓射物時，則有引弓射物向上，以及引弓射物向下兩種不同情形。此處之所以稱「天之道，其猶張弓與」，是取晝夜長短與寒暑高低冷暖的損益調節之義，將和那張弓上下射物時，必須「高者抑之，下者舉之」，兩種不同之象相通。

高者抑之，下者舉之

所謂「高者抑之」，是指當射箭者是站在目標高處，這時必須壓抑弓箭朝下瞄準，才能射中標的物。而「下者舉之」，則是指當射箭者是站在目標下方處，這時應拉弓朝上，才能瞄準標的。

至於張弓射物時「高者抑之、下者舉之」之象，為何與晝夜、寒暑的損益調節之義相通？這是因為天道晝夜、寒暑之更迭，與日照雲雨之施益，會適時地損去有餘而補不足，且其過程就像是一旦高而過之了，就會損而抑之；當不足而處低下時，則會蓄之補之，猶如「舉之」使之向上。

有餘者損之，不足者補之

天道之變化運行，將隨晝夜、寒暑季節的不同，恰如其分的行損益調節，其過程會是有餘者損之，不足者補之。

天之道，損有餘而補不足

此句中的「補不足」，是針對天下萬物而言，亦即天道將德澤利益萬物，猶如損天德之有餘，以補萬物之不足之意。由於天道晝夜、寒暑規律更迭在上，其間將伴隨日照雲雨之施益，萬物受天德之利益而繁榮，但天道卻是無我私，並不求萬物任何回報，是為天道之「損有餘而補不足」。

人之道，則不然，損不足以奉有餘

人之道，常私心為己，總是不斷地追求名利和聲色享樂，以遂其私心嗜欲。而身為上位者若是貪財好利，多我私嗜欲，當為了滿足個人之私心與享樂，必然會對人民橫征暴斂，搜括民脂民膏，這就是損人民之不足，以奉有餘。

孰能有餘以奉天下？唯有道者

天之道，德澤利益天下萬物，從不求任何回報，但萬物卻皆尊之、貴之，並順服其道而行。因此，為政在上者當知法天德作為，能夠誠正在位，德澤天下百姓，懂得謙下不爭，功成而弗居，這才是有餘以奉天下之「有道者」，同時也才會獲得人民的敬服與順隨。

是以聖人，爲而不恃

聖人之德如天德，而為政在上者當法聖人之德以治天下，誠正在位，樸而少私寡欲，以做為天下人民的榜樣，而人民則是各盡其本分，自由發展，上位者不必藉由諸多手段，對人民多加干涉，所謂「為而不恃」。

功成而不處

為政在上者德澤惠施人民，有功並不居，不問求人民如何回報，就像天之道無私以利益萬物般，然而人民將會感激上之德澤而誠心支持之。

其不欲見賢

「見賢」，矜貴自誇之意。「其不欲見賢」，指為政在上者不會驕矜自貴，懂得謙退不爭以為德，雖不欲居上，反而更能得到人民敬服。

第七十八章　天下莫柔弱於水

天下莫柔弱於水，而攻堅強者莫之能勝，以其無以易之。

弱之勝強，柔之勝剛，天下莫不知，莫能行。

是以聖人云：

受國之垢，是謂社稷主；

受國不祥，是爲天下王。

正言若反。

【解義】

天下莫柔弱於水，而攻堅強者莫之能勝，以其無以易之

「攻堅強者」，指能劈石斬鐵，把這些剛硬堅強之物摧毀的器物，例如刀斧。「無以易之」，因為「易」含有改變或更易之意，故所謂「無以易之」，是指無法永遠改變其質性或形狀。水是天下至柔弱的東西，它無定形，亦無定狀，你若用手將之撈起，它很輕易地就可以從指縫間流出。然而水雖柔雖弱，但即使輕易就能摧毀堅強之物的銳利刀斧，卻劈之不斷，砍之不變，絲毫改變不了其形其狀或質性，因此攻堅強者也無法勝之。

弱之勝強，柔之勝剛

所謂「弱之勝強」與「柔之勝剛」，表面上像是承上句而來，是用以形容那看似柔弱，但攻堅強者卻莫能勝之的水。事實上，這二句是在隱喻為政者在上者若能以樸而無為，清靜守常不爭當治道，雖然表象看似柔弱而毫無作為，但即使擁有強兵利器而能攻堅強的大國，卻莫之能勝。

天下莫不知，莫能行

雖然以樸而無為、清靜守常不爭做治道，其功至大，即使強兵大國亦莫能勝之，此理天下莫不知，但為何其道卻無法施行於天下呢？這是因為人之道，總是多我私欲，所以為政在上者無法「有餘以奉天下」，不願誠身修己向內求，捨去私心嗜欲，反而是不斷地追求聲色享樂，這就是為何即使瞭解順道之有用，卻不願行之，同時也是清靜無為之治道，不能施行於天下之原因。

是以聖人云：受國之垢，是謂社稷主

「垢」，塵土也，地道之象徵，引申象徵居下處後與謙退之德。在第六十六章有云：「是以聖人欲上民，必以言下之；欲以先民，必以身後之。」聖人謙退不爭之德，就如同那江海般之善下，因此能夠位居萬民之上，帶領全國人民。事實上，江海之能善下，其德也像坤地之德，坤地雖頤養承載天下萬物，卻能保持卑而謙下處後之德。

因此，所謂「受國之垢，是謂社稷主」，是指為政者若法坤地與江海之謙下處後，以及博厚廣大，知以民為貴，並以清靜守常為治道，將可成為社稷國家之領導者而守其位。

受國不祥，是爲天下王

「不祥」，在老子書中因祥有益生之意思，所以「不祥」就含有兵損，損傷或損去之意。例如，第三十一章有云：「兵者不祥之器」。「受國不祥」，象徵為政在上者當損去私心嗜欲，損去「有為」，以及「有事」，並以無為代替有為，以無事取代有事。因為上位者若樸而少私欲，為無為，事無事，輕徭薄賦，不勞民，不傷財，人民自然會勤奮儉樸而知足，社會國家也將逐漸走向富足繁榮，所謂「以無事取天下」，而為天下王也！

正言若反

這句話在本章含有兩層意思：其一，指我所說的話都是正道之言，但表面上卻似相反意思。對於這一層含意，例如，本章的「柔之勝強，弱之勝剛」即是，在其他章也有「大道廢，有仁義」、「古之善為道者，非以明民，將以愚之」等多處。

其二，此句與「以正治國」有著相同含意。這是因為這個「正」有誠正在位之意思，也與「清靜為天下正」的正相同，而「反」則同返，象徵將會獲得天下人民的歸附。

因此所謂「正言若反」，就可視為是本章結語，指為政在上者誠正在位，以樸而無為、清靜守常不爭做治道，人民可以安居樂業，國家將走向富足繁榮，而四方之民則皆樂意來歸附之。

第七十九章　和大怨必有餘怨

和大怨必有餘怨，安可以爲善？

是以聖人執左契，而不責於人。

有德司契，無德司徹。

天道無親，常與善人。

【解義】

和大怨必有餘怨，安可以爲善

「和」，應和意，和諧平衡意，這裡主要是取損有餘以益不足，以保持兩者間的和諧平衡。「怨」，心中忿恨不滿、不平，這裡是用以象徵當此得利，而彼卻因此而受害，這時彼心中不平之怨，將由此而生。又，這個「怨」，與《論語・里仁篇》子曰：「放於利而行，多怨。」的怨意思相同。

「和大怨」，指為政在上者若貪好財貨之利，極力剝削民脂民膏，雖然像是利了上位者，但這時人民這一方心中必深感不平，於是「大怨」將由此而生；「必有餘怨」，指上位者表面上雖得到一時之利益，但所激起的民怨，總有一天這些人民心中之怨，將會報應到為政者身上。

「安」，原指語助詞，這裡主要是取其安適穩定之意。「安可以為善」，指上位者不能有餘以奉天下，德澤利益百姓，反而是不擇手段地對人民巧取豪奪，這必然引發民怨，然後人民之怨又會報應到為政者身上，猶如怨恨相報，故安可以為善？

是以聖人執左契而不責於人

「執左契」，契指契約，分左右兩券，右契寫有債權人姓名，由負債人保存，左契則是寫負債人姓名，屬債權人所有，債權人將執此左契，向負債人催討債務。「不責于人」，指不會索討所欠的債務之意。「是以聖人執左契而不責于人」，這是取「執左契」之象，以隱喻為政在上者雖握有向人民徵收稅賦的權利，但對人民則是輕傜薄賦，不會暴斂橫徵，懂得藏富於民。

有德司契，無德司徹

「徹」，古代田賦制度，為十取一的稅法。「司徹」，指向人民催收稅賦。「有德司契，無德司徹」，指有德的為政者雖「司契」，握有向人民徵收稅賦的權利，卻是輕傜薄賦，不會對人民暴斂橫徵；相反地，無德的為政者，貪財好利，挾權倚勢，對人民極盡剝削，人民受不住暴虐，勢必也將報之以怨。

天道無親，常與善人

「天道無親」，指天道仁愛萬物，公平而無私偏，不管是天上飛的，地下爬的，人或草芥，並不會有親疏之別，皆一視同仁。

天道雖無我私，仁愛萬物並無親疏之別，但為何像是常利益施與那些「善人」？這是因為善人懂得順天道而行，奉天理而為，所以道之德澤，也將回饋而與之，臨保而祐助之。因此，為政在上者若能有餘以奉天下，德澤利益人民，順天道而為，也會像得到天德祐助般，可以恆久其位，同時人民將應和而感其德澤，並順服其治。

第八十章　小國寡民

小國寡民，

使有什伯之器而不用，

使民重死而不遠徙。

雖有舟輿，無所乘之；

雖有甲兵，無所陳之。

使人復結繩而用之。

甘其食，美其服，安其居，樂其俗。

鄰國相望，雞犬之聲相聞，

民至老死不相往來。

【解義】

小國寡民

何謂「小國」？國不稱霸，能安守在屬於自己的領土上，是謂「小國」。

何謂「寡民」？不會自認為國盛兵強，人民眾多，而想侵略干犯他國之土地和人民，是謂「寡民」。

使有什伯之器而不用

「什伯之器」，生活中所使用的什器雜物。「使有什伯之器而不用」，形容人民勤於勞作而又節儉，對於每一樣什器雜物皆愛惜保護，就像是即使一針一線也捨不得浪費，故能多積蓄而有餘裕。

使民重死而不遠徙

「重死」，能夠安享天年，壽終正寢而老死家中。「不遠徙」，不必離鄉背井，在外地討生活。「使民重死而不遠徙」，形容人民皆能安居樂業，不用背井離鄉，艱苦地到外地討生活。

雖有舟輿，無所乘之

人民不會流離失所，故雖有舟輿亦毋須被乘用。

雖有甲兵，無所陳之

國家無征伐戰事之發生，故雖有甲兵亦無所陳布。

使人復結繩而用之

「結繩」，上古結繩以記事，象徵返樸歸真，民風歸於純樸之意。「使人復結繩而用之」，指社會民風歸向純樸敦厚，無狡詐欺騙之事，盜竊亂賊亦不作。

甘其食，美其服，安其居，樂其俗

人民儉樸知足，不崇尚奢華，即使是粗茶淡飯，粗布褐衣，亦以為甘食美服；即使是茅茨土階，亦能安其居所；生活平淡少欲，不貪求聲色享樂。

鄰國相望，雞犬之聲相聞，民至老死不相往來

鄰國邊疆相望，而雞犬之聲可以相聞，所呈現出的是一片寧靜祥和之氣氛，表示兩國之間和睦相處，不會有任何肅殺戰慄之情形發生。兩國人民至老死不相往來，各安其居，樂其業，彼此互不干犯，同享安寧太平。

第八十一章　信言不美

信言不美，美言不信。
善者不辯，辯者不善。
知者不博，博者不知。
聖人不積，
既以爲人己愈有，
既以與人己愈多。
天之道，利而不害；
聖人之道，爲而不爭。

【解義】

信言不美，美言不信

「信言」，發自內心真誠的言語。「美言」，華麗動聽的話。「信言不美，美言不信」，指若能誠孚在內，即使沒有言語之說，亦能感通應和在外，倘若只是話說得華麗動聽，卻不見內心的真誠，是無法感通人們的。

善者不辯，辯者不善

這個「善者」，指的是善為道者。而「不辯」則是指言說的反面，即不空談，引申為有實際行動力之意。「善者不辯，辯者不善」，指真正的善為道者，是會切實地去篤行實踐道，倘若只會坐而言道，卻無法身體力行，就不是善為道者。

知者不博，博者不知

這個「知」，與「自知者明」的知相同，是指追尋道，而「知」道，即瞭解道的真正意義。「博」，廣博，廣大而眾多之意，象徵不停地向外追尋，以求取廣博。「知者不博，博者不知」，指人之為道，不應往外追尋，而是只需誠身正己向內求即是，倘若不停地往身之外尋道，只會離道越遠，那將不可為道也。

聖人不積

聖人去其私，寡其欲，因為能捨，故「不積」。

既以爲人己愈有，既以與人己愈多

聖人無我私而為眾，己「不積」而利益與眾，就像天道無私以利益萬物般，而當眾民在受惠於聖人之利益後，未來也會誠心感激其德澤而回報之。因此，聖人之無私利眾，就像是既以為人而己愈有，既以與人而己愈多。

天之道，利而不害

「不害」，不受艱難險阻所傷害，這裡是指萬物在其生長過程中，雖多遇險蹇阻礙，但萬物若懂得順隨天道四時之序而行，就可在天道的中正引領下，順利克服其間之險難，故「不害」。

「天之道，利而不害」，指天之道，春夏秋冬規律更迭運行在上，萬物則是在天道的中正引領與德澤利益下，生長繁榮於天地之間，其過程就像是天之道只需中正誠孚在位，規律施行日照雲雨之利益，萬物自然懂得如何去汲取所需頤養，並順利克服其間諸多險難和阻礙。

聖人之道，為而不爭

老子書講聖人之道乃「無為」，卻以「為」做為全書結語，為何有如此安排？其理何在？欲瞭解這一個「為」所指為何，須先知道什麼是「不爭」代表的意涵。

所謂「不爭」之德，是指雖有利眾之功，卻不居之，知謙下處後而不敢為天下先，以及能樸而清靜守常。而「不爭」這種利他不居功之德，即是一種無私之德的表現；謙下不敢為天下先，乃不貴吾身，則猶如是無我之德的表現。既然具備「不爭」之德者，是指能無私無我，則什麼是「無為」與「為而不爭」之相關連，也就不難理解。

其實聖人之「無為」，並非指無任何作為，而是實實在在地仍有仁愛人民，實際利益於百姓之德澤，只因既然聖人是無私無我，也就是此「我」已不存，我身既已空無，則凡一切施用作為，就猶如是「無為」。

換言之，雖有利他之作為，卻因無我私並不居功，既然是為而「無功」，豈不就與「無為」無所差異？

然而，聖人雖「為而不爭」，法道常之「無為」，卻是既以為人己愈有，既以與人己愈多，後其身而身先，外其身而身存，最後反而成就了這一個我道之大！

天地道（14）

老子易解

建議售價・680元

國家圖書館出版品預行編目資料

老子易解／李忠胤 著. 一初版.一臺中市：
白象文化，民 103.12
面： 公分 一（天地道；14）
ISBN 978-986-358-084-3（平裝）
1.老子 2.注釋
121.311 103019232

作　　者：李忠胤
特約編校：李玉明
專案主編：陳逸儒
編 輯 部：徐錦淳、吳適意、陳逸儒、黃麗穎、林榮威、林孟侃
設 計 部：張禮南、何佳諠
經 銷 部：焦正偉、莊博亞、劉承薇、劉育姍、何思頓
業 務 部：張輝潭、黃姿虹、莊淑靜、林金郎
營運中心：李莉吟、曾千熏
發 行 人：張輝潭
出版發行：白象文化事業有限公司
402台中市南區美村路二段392號
出版、購書專線：（04）2265-2939
傳真：（04）2265-1171

印　　刷：基盛印刷工場
版　　次：2014 年（民 103）十二月初版一刷